[美]达蒙·扎哈里亚德斯（Damon Zahariades） ○ 著

提高你的效率！

高效能人士必备的
10个好习惯

世界图书出版公司
北京·广州·上海·西安

如果你想要达到更高的工作效率，就要养成能够支持和完善自己工作的好习惯；如果你在工作过程中没有设定常规的程序和规则来为成功打下基础，仅仅在口头上说"我要变得更有效率！"，那么这将毫无意义！

你需要投入专注、精力和勤奋来保证工作效率持续不断地提高——而不是随意地、偶尔地、突然地提高。你需要给大脑和身体提供每天所需的能量，让它们能有效地工作。

只顾埋头赶路远远不够，你还需要抬起头，找到正确的方法。

例如，一个决定参加马拉松比赛的人，如果他忽略了这方面的训练，那么即使他在其他方面竭尽全力，也注定会失败。从马拉松比赛前几个月就应该开始训练，让身体适应不断增加的疼痛感，提高身体以及大脑的耐力水平。

你如果想要成为一个更有效率的人，同样也需要训练。你虽然不必每天都跑几英里（1英里≈1.609千米），但是确实需要养成正确的工作习惯。这些习惯对你的成功至关重要，并且能训练你的大脑和身体忽略干扰，从而接受其他挑战。

你如果没有这些好习惯，那么当想要完成更多的工作任务时，面临的将是一场艰苦的战斗。

将这些好习惯融入你的生活需要时间，就像参加马拉松比赛前的训练一样。大脑天生就会抗拒所有类型的变化。对大脑来说,排除干扰就是一个重大的改变。改变时间管理策略,如使用番茄工作法和时间定量法,也会受到大脑的排斥。简而言之,当你试图改变大脑对刺激的反应方式时,它就会进行抵制。

例如,假设你有每5分钟就查看一次电子邮件的坏习惯。这对你来说简直是一种瘾!假设你正致力于纠正这个坏习惯(这么做对你有好处),那么可以不必再每5分钟查看一次电子邮件,而是设定一个规则,比如每天10:00和17:00各查看一次。

你的大脑会抗拒这种改变!要记住,大脑讨厌改变。但是经过你坚持不懈地努力后,它最终会让步。如果你在连续几周之内每天除了10:00和17:00,其他时间都不查看电子邮件,那么你就赢了。

反之,大脑对改变的天生抗拒是培养好习惯的核心因素之一,能够使大脑适应你对更高工作效率的追求。这种抗拒表现在很多方面,从你的饮食到你参与的活动。

为什么大脑会抗拒改变?

为了使你的工作效率达到前所未有的高度,在向你介绍需要培养的十大好习惯之前,先带你了解大脑是如何运行的。

为什么你的大脑讨厌改变？

大脑讨厌改变的主要原因是它对某些特定的外来刺激已经习以为常了。假设你总是每天17:00到19:00坐在电视机前,那么在这种情况下,你的大脑会期望你将来一直这样做。如果你决定今天晚上不看电视,那么大脑将会面对新的刺激(不管最终是什么取代了你最喜欢的电视节目)。

每当大脑检测到新的刺激时,就会怀疑自己是否犯了错误,或者针对假定的错误,判断自己是否受到了威胁。然后,大脑中引发战斗或逃跑反应的应激机制就会开始启动。你心里知道这种改变(在这个时间段,不看自己最喜欢的电视节目)是为了得到积极的结果(更有效率),但你的大脑并不知道。

因此,大脑会产生抗拒。

这就是培养好习惯需要花费时间的原因。你必须通过不断地将大脑暴露在一系列新的刺激下来打破大脑对它们的抗拒。新的刺激最终会取代旧的刺激,你大脑的期望也会随之改变。

培养新习惯所花费时间的长短取决于两个因素:

1. 你要培养的新习惯。
2. 你想要改变的旧习惯在生活中的顽固程度。

你已经了解自己将要面临的挑战了,现在是时候介绍有助于提高工作效率的十个好习惯了。以下是本手册将要介绍的十个好习惯：

1. 早起。
2. 醒来后立即开始工作。
3. 记录你是如何有效地利用时间的。
4. 专注有利于高价值项目的任务。
5. 创建有效的任务管理清单。
6. 坚持健康的饮食。
7. 避免他人打扰。
8. 毫不动摇地坚持二八定律。
9. 做一个反完美主义者。
10. 一次专注于一项任务。

你可能认为这些都是老生常谈的东西，但是我衷心建议你通读下面的每一条建议，并思考这些建议能给你的工作流程和工作效率带来怎样积极的变化。我敢打赌，你做的一些微小的、简单的改变将会对你的工作流程和工作效率产生巨大的积极影响。

让我们从每天早晨起床的时间开始讨论。

习惯1：早起

要知道，许多有影响力的人每天清晨都会早早地从床上起来，这并不是巧合。据报道，咖啡大亨霍华德·舒尔茨（Howard Schultz）在4:30起床，太平洋投资管理公司（PIMCO）创始人比尔·格罗斯（Bill Gross）也是如此。与他们相比，亿万富翁"坏小子"理查德·布兰森（Richard Branson）是一个名副其实的晚起者，他每天清晨强迫自己在5:45起床。通用汽车（General Motors）、苹果（Apple）、迪士尼（Disney）、百事（PepsiCo）、美国移动支付公司（Square）和克莱斯勒（Chrysler）的首席执行官们也都在早起者之列。

在高效能人群中，拥有早起的习惯是一件稀松平常的事情。在人类历史长河中，世界上许多著名的人物通常在黎明前就起床了。据说本·富兰克林（Ben Franklin）每天5:00起床。还有一些报道称，拿破仑在大型战役期间2:00就起床了（他可能是历史上早期的多相睡眠[1]者之一)。

为什么这么多的高效能人士都喜欢早起呢?

每个人的理由各不相同,但归结起来有几个共同的动机:

◆ **在清晨,大部分人还在梦乡,他们周围的干扰更少。**

◆ **在清晨,他们对属于自己的时间拥有更多的控制权。**

◆ **在清晨,他们的思维更加活跃(只要最初昏昏沉沉的状态消失)。**

◆ **在清晨,他们比在正常工作时间段更能集中精力且不受干扰,可以完成更多的工作。**

如果你是一位老板,那么其他人还在打鼾的宁静时刻可能是你一天之中最有效率的时段。

如果你从事全职工作,提前几个小时到达办公室就能让你有足够多的时间按时完成重要的项目。

---

[1] 多相睡眠:也称达·芬奇睡眠,据说达·芬奇就采用多相睡眠模式,他每隔4个小时就睡15分钟。根据生理学,人类可以根据工作的具体状况,在白天按时分期睡眠。

如果你是一位家长，在孩子和配偶之前起床就能让你拥有宝贵的个人时间，而这个时间在平常是很难得到的。

如果你是一位学生，在其他同学之前起床就会让你在作业完成率和学业考试成绩方面领先很多。

如果你是一位作家，起床越早就能创作出越多的作品。美国作家欧内斯特·海明威（Ernest Hemingway）分享了他的早起经验：

"在写作或创作故事时，我每天都尽可能在早晨出现第一缕阳光后尽快写完。这时没有人打扰，无论天气寒冷还是酷热，我在创作时都会充满激情。"

可是，提早起床并不容易。如果你通常在7:00起床，那么改为在5:00起床就会感觉吃不消，这种感受是不愉快的。但是，当你逐渐适应之后就能得到很多好处。早起能为你开启全新的一天，让你有更多不受干扰的时间，更有精力地去做一些事情。

记住这一点，以下是一些可以帮助你养成这个习惯的小建议：

1.把你的闹钟放在离床足够远的地方，这样你就不得不起床去把它关掉。

2.早点睡觉,以弥补早晨失去的睡眠时间。如果你通常在23:00睡觉,并在7:00起床,而现在打算在5:00起床,那么最好在21:00就睡觉。

3.抵制闹钟上贪睡按钮的诱惑。按下闹钟的贪睡按钮只会让推迟起床变得不可避免。更糟糕的是,这种做法会训练我们的大脑在每天早上听到第一声闹铃后继续打盹。

4.养成晨间惯例。比如说起床后先喝一杯水,再做20个俯卧撑,然后带上狗狗出门做晨练这一系列的惯例活动。固定的惯例会让你的大脑产生期望。如果有惯例活动等着大脑去执行,它就不太可能对早起的想法犹豫不决。

养成早起的习惯后,你就能够理解为什么那些早起的人声称,他们能在9:00之前完成比大多数人一整天的工作量更多的任务。

习惯2：醒来后立即开始工作

你既然已经早早地起床（详见习惯1），就要注意避免浪费好不容易争取来的额外时间，这一点很重要。如果你在5:00起床后只是坐在沙发上看《行尸走肉》的重播，那么这将是没有任何意义的。

为了充分利用清晨的时光，你在醒来后应尽快让大脑投入到工作之中。这并不意味着你一定要坐在笔记本电脑前，或者将时间用在某个迫在眉睫的项目上。大脑执行的是你起床后需要立即开始的晨间惯例。

这套惯例可能包括吃健康的早餐或慢跑之类的活动。无论你的惯例涉及什么活动项目，都请记住，不要做毫无意义的事情。因为人类大脑有拖延的自然倾向，所以如果你顺从它的意愿，它将成功地俘虏你。

相反，你应该一醒来就做些什么。完成后就可以把一些事情从你的待办事项清单上划掉，这会给你带来成就感，并为你接下来的一整天定下基调。

需要提醒的是：在清晨起床后不要查看电子邮件或收听语音邮件，因为这样做，你将很容易被卷入其中，最终浪费掉本可以被更高效利用的宝贵时间。要知道，紧急且必须在5:00回复的电子邮件或语音邮件很少，甚至几乎没有。姑且让它们再等几个小时，你的清晨时间应该用在重要事项上。

养成并保持这种习惯并不难，你只需要建立晨间惯例并坚持执行即可。你可以训练大脑养成习惯，之后会惊讶于它适应的速度如此之快。

习惯3：记录你是如何有效地利用时间的

任何有效的工作手册都会建议你记录自己的时间。在人类拥有的所有资源中，时间是永远无法重新获得的。一旦逝去，它就永远消失了。

可问题是大多数人都认为他们是在有效地利用时间。他们完成了一天的工作，做完了分配给自己的项目任务，按时完成了工作日的所有事项。

仅仅这样就意味着工作高效吗？

正如你已经知道的，这种感觉简直就是海市蜃楼。仔细观察，你很快就会发现，这些人对于工作日时间的利用，就像一艘沉船一样漏洞百出。时间从他的手指间溜走——几分钟在这儿，几分钟在那儿——最后总计浪费了数个小时。

研究表明，办公室的全职工作人员每天真正投入工作的时间不足3小时。还有一些研究人员声称，实际的工作时长仅仅只有90分钟。但是，若是问起公司大多数员工是否感到忙碌时，你一定会听到"每周工作60个小时"和"最后期限迫在眉睫"的说法。

问题是太多人浪费了大量的时间，更糟糕的是，他们并没有意识到这一点。

要想真正了解自己是如何利用时间的，唯一的方法就是记录自己的时间。只有这样，我们才能得到想要的数据，以判断自己是否在明智地利用时间。例如，你可能会发现，自己对Facebook和Twitter的匆匆一瞥对工作效率产生了很大的负面影响。

记录时间的最简单方法

市面上有多种在线时间记录软件可供用户免费下载使用。我最喜欢的是Toggl，因为它的界面简洁，使用方便，而且是免费的。注册账号后，你可以创建无限数量的项目和任务，并为每个项目和任务分配特定的颜色，使之可视化。

Toggl的界面非常直观。你在准备开始某一项任务时，只要点击红色的大按钮，它就开始计时了。完成任务后再次点击按钮，它就会停止计时。

一切就是这么简单。

Toggl将根据你所创建的项目和任务来记录你花费在各项

活动上的时间。例如，假设你是一位博主，你可以为写博客设置一个项目，并为该项目创建与研究、撰写和编辑博客文章相关的子项目。这样一来，你就可以深入了解自己工作的细节。例如，你可以通过Toggl来了解自己用了多长时间编辑帖子。

通过使用Toggle，你可以了解自己在选定的时间段（例如上周、上个月或特定的日期范围）内是如何分配时间的。它能将数据显示在易于理解的饼状图中。如果社交媒体占用了你一半的工作时间，那么你花费在这上面的时间就不容忽视了。

你还可以创建以不同格式显示时间分配的详细报告。同样，你也可以了解所选时间范围内的数据。

这听起来好像我就是Toggl的老板。并不是，我也不是他们的会员（我不确定他们是否有会员计划），只是真的很喜欢这个工具。

顺便说一句，你可以在智能手机（iOS系统或Android系统）上使用Toggl，它就像桌面上的浏览器一样，非常简单直观，容易操作。你还可以将Toggl软件下载到电脑上，尽管我认为这是没有必要的。

如果你出于某些原因而讨厌Toggl，那么还可以从它的众多竞争对手中选择一个使用。以下提供一些当下流行的时间记录工具：

- Rescue Time
- Chrometa
- Timely
- Now Then
- Freckle
- Timesheet
- Hours

坦白地说，我认为你会像我一样喜欢Toggl。话虽如此，但拥有选择权从来就没有什么坏处。当然，你也可以用笔和纸记录下你的时间去向。这样做很麻烦，但我有朋友非常喜欢这种方法。

在这部分内容中，你需要记住的最重要的一点是养成记录时间的习惯。不要简单地认为自己正在有效地利用时间，请记录时间的去向。然后，查阅你的时间报告，并从中找出自己可以改进的地方。

习惯4：专注有利于高价值项目的任务

忙碌并不意味着你富有成效，只能说明你很忙。

保持高工作效率的一个重要部分是专注于那些对你的长期目标具有重大价值的项目。

例如，假设你是一位旅游博主，你的目标是每月收入5000美元（约合人民币3.5万元）。如下的任务项目很可能直接有助于你实现该目标：

◆ 每周创作3个信息量丰富的博客。

◆ 调查读者想要阅读的主题。

◆ 研究确定具有重大创收潜力的会员计划。

◆ 每月在其他的旅游博客上友情发帖，并总结至少4点想法。

◆ 联系其他旅游博主并保持联系。

以下是一些可能有助于你实现目标的活动，但是它们是间接的或最低限度的：

- ◆ 为了"了解最新动态"而阅读旅游博客。
- ◆ 每天花费时间在社交媒体上。
- ◆ 试着设计你的博客。
- ◆ 学习"黑帽"SEO[2]技巧，在 Google 中获得更好的排名。
- ◆ 订阅和阅读可以搜索到的所有营销新闻。

为了提高工作效率，你必须区分哪些任务能直接帮助你实现长期目标，哪些任务只能起到很小的作用。你的时间宝贵并且有限。你首先应该将时间花费在那些能让自己在高价值、高优先级的项目上获得最大优势的任务上。

平常，我会随身携带一个小笔记本，在上面记录下我的待办事项。根据经验，我认为需要解决的大多数事项都不是必要的。至少在可预见的将来，我可以将它们放在较低的优先级别类，甚

2　黑帽 SEO，一种非正当的搜索引擎优化手段，如垃圾链接、隐藏网页、桥页、关键词堆砌等。

至放进"后备箱"。

几周后,我会经常回顾这些事项。若是确认它们与我的目标无关,我就会将其从任务清单中删除。

维尔弗雷多·帕累托教给我们的杠杆效率

帕累托法则(通常称为二八定律)在很大程度上能帮助我们养成习惯4。

你肯定听说过这句话:80%的预期成果来自20%的行动。这意味着你所花费时间的任务活动中有80%对你的目标影响很小。

这是另一种说你的工作效率低下的方式。

请坐下来花点时间查看你的主要任务清单中的每个项目,并思考每项任务是如何推动你朝目标迈进的,完成该任务能对你的目标产生多大影响?你会发现80%的待办事项都将被归纳到"最小贡献"的行列中。

现在请暂时忽略它们,转向专注于高价值的活动。

习惯5：创建有效的任务管理清单

历史悠久的待办事项清单，是你可以利用的有效提高工作效率的工具之一，同时也是容易被误解和滥用的工具之一。

信不信由你。待办事项清单是一种技巧，可以满足你对更高工作效率的追求。可是很多人在使用时采用了错误的方法，搞不明白为什么无法控制住堆积如山的待办事项。

如果你正面临此问题，那你绝非个例。

问题是，如果你不知道如何创建有效的待办事项清单，就很难长期保持工作的高效率。本部分内容将向你展示如何做到这一点，以便你能够在自己的日常生活中真正做到有秩序。首先，你需要花几分钟来了解大多数人使用待办事项清单失败的原因。

其主要有以下三个原因：

第一，大多数清单中包含太多的任务。

提倡"完成工作"的人会争辩说，将每项任务（无论多么小）都放进清单是很有价值的，因为这样做，大脑就无须记住这些任务。这样一来，我们就可以专注于手头的工作。

这种说法听起来似乎有些道理，让数百项任务停留在脑海中会分散我们的注意力，也会增加某些任务被遗漏的可能性。

但答案是我们并不需要把所有的任务都列在清单上。我们的生活非常忙碌，如果把任务一一列入清单，那么我们在周末来临前会得到一份巨大的（且令人沮丧的）清单，上面有数百件未完成的任务。

我的答案是将精力集中在重要的任务上。在后面的章节我们将会讨论如何将帕累托法则应用于日常工作流程中，你也会看到待办事项清单上的大多数任务都可以被忽略或推迟。在这里，我建议你首先确定哪些任务应该在清单中占据一席之地。

第二，大多数清单上的任务都缺少截止日期。

请查阅你的待办事项清单，你是否为每个任务都设定了截止日期呢？我敢打赌，答案肯定是否定的。这就是问题所在。截止日期能够驱动我们采取行动，要是没有设定截止日期，我们则更倾向于推迟完成任务。这是人的本性。

假设你是给待办事项清单中的每项任务都设定了截止日

期的少部分人之一。可问题是，你所设定的截止日期是否太过遥远。帕金森定律告诉我们，"设定任务的期限越长，完成任务所需的时间就越多"。如果你给自己设定的完成某项任务的时间越长，那么完成该项任务就需要越长的时间。

请为你的任务设定一个积极的截止日期。

第三，大多数待办事项清单中都没有设定用于确定任务优先级别的系统。

我们仅凭直觉判断某些任务比其他任务更重要是不够的。我们也知道需要用一种方法将任务按重要程度区分开，但是，实际上又有多少人真正执行了优先级系统并定期使用它呢？

很少。

我们大多数人只是将待办事项简单地写下来，却忽略了为它们分配优先级。分配优先级需要将每个项目置于我们当前的工作流程中，并在短期和长期目标的背景下进行考量。在很多时候，人们都不愿为此项工作投入所需的时间和精力。

问题在于，如果我们不为工作流程里面的任务设定优先级，就很难了解哪些任务对我们最有价值。因此，我们会根据自己的心情、兴趣，或其他不支持我们追求更高工作效率的变量来随意选择任务。

现在我们已经知道了大多数人使用待办事项清单失败的三个主要原因。接下来,让我们来谈谈如何创建一个适合自己的待办事项清单。下面介绍十条切实可行的小技巧:

1. 两份清单:一份是每日清单,另一份是主清单。

2. 保持清单简短,尤其是每日清单。如果某项任务不需要在当天完成,请勿将其列入。

3. 在你的每日清单中选出三项当天最重要的任务。这些是你的"优先"任务,你必须当天完成。

4. 使用不同的优先级处理其余的任务。例如,使用"B优先级"和"C优先级"。B优先级的任务很重要,但是如果你当日未能完成该任务,天也不会塌下来;C优先级的任务可以暂时搁置一边,这不会造成任何不良后果。

5. 为主清单中的每项任务设定截止日期,例如5月21日;为每日清单中的每项任务设定时间限制,例如45分钟。

6. 确保每项任务都切实可行。与其记录下"承包商发票",不如记录下"支付承包商发票"。

7. 添加执行任务时所需的详细信息。例如,如果你想要打电话给餐厅订餐,请将餐厅的电话号码添加到清单中,这样可以节省时间,也省去了以后查找它的麻烦。

8.每周清理一次主清单。在星期日(或你选择的任何一天),浏览一下你的主清单并划掉与你的目标不再相关的任务。

9.将大任务分解成各个小任务。这么做可能会使你的待办事项清单变得混乱,因为实际上你会因此添加更多的任务,但是当你将这些小任务单独定义的时候,就能够更好地完成大任务。

10.确保你的主清单中的每一项都是短期的。你可能想要学习钢琴,但是除非你计划在接下来的几周内为实现该目标而采取行动,否则不要把它列在清单上。

如果想要提高工作效率,你就必须创建有效的待办事项清单。否则,你会终日忙忙碌碌、浑浑噩噩,最终一事无成。

习惯6：坚持健康的饮食

"垃圾进，垃圾出"一直是计算机行业的程序员们常用的口头禅。实质上，这意味着输入决定了输出，正确的输入能产出优质产品，而错误的输入将产出劣质产品。

想要实现富有成效的工作目标，我们应该从饮食上认真思考"垃圾进，垃圾出"这句口头禅的寓意。如果你想提高你的工作效率，完成更多的工作，并拥有更多的空闲时间，就需要让你的身体获得健康且合理的能量。

想想你认识的某个朋友，他的饮食习惯很糟糕。他热衷于吃垃圾食品而非健康食品，爱喝软饮料而不是水或茶，并且酷爱吃甜食。在他看来，老一套的饮食习惯似乎已经过时了。

再试想一下，这个朋友长期的工作效率如何？不要理会他因为摄入了糖或咖啡因而表现出的短暂的能量爆发。相反，请你观察他每日和每周工作的流程，他的效率是高的吗？他能否长期坚持并始终如一地产出高效且高质的工作成果呢？

答案估计是否定的,主要原因在于他的饮食习惯。

现在,想一想你身边的拥有健康饮食习惯的朋友。他持之以恒地选择能持续为身体提供所需维生素和营养的食物,以保持良好的表现。

这位朋友可能在任何一天都是富有成效的。她不是靠摄入糖或咖啡因在短时间内疯狂地工作,而是在更长的时间内以稳定的速度工作。在工作时他也不会偷工减料,而是以高水准来要求自己。

所以,"好的投入,好的产出"。

也许和大多数人一样,你可能正处于这两个极端的饮食习惯之间,有时的饮食很健康,而有时的就明显不那么健康了。

既然如此,这说明你还有改进的空间。如果你想在工作中更专注、更有活力、更有动力,请调整你的饮食习惯。

能提高日常工作效率且简单可行的饮食习惯

这里介绍一些简单的技巧来帮助你改善饮食习惯,以确保身体获得所需的维生素、营养物质和矿物质。运用这些技巧,你可以拥有更多的精力,而且如果在此过程中体重减轻了几磅(1磅≈0.45千克),也不要感到惊讶。

第一，扔掉厨房和食品储藏室里的垃圾食品。扔掉饼干、糕点、薯片和糖果这类的垃圾食品，甚至还有你最喜欢的坚果巧克力。把它们全都扔进垃圾桶，以此消除垃圾食品的诱惑。

第二，制定能够提供人体所需营养的食谱。根据饮食偏好、人体化学反应和食物耐受性的不同，每个人的选择可能会有所不同。请在食谱中搭配多种能为身体提供以下物质的食物：

◆ 维生素A

◆ 维生素B（如维生素B1、维生素B2、维生素B3、维生素B6和维生素B12）

◆ 维生素C

◆ 维生素D

◆ 维生素E

◆ 维生素K

◆ 碘

◆ 钙

- 锰

- 镁

- 钾

- 硒

许多人服用补充剂和多种维生素以确保身体获得所需的营养物质。这可能会有一定效果,但通过食物获取这类营养元素的效果会更好。研究表明,与药丸和药粉相比,人体从食物代谢中吸收营养物质的效果更好。

制定了健康且营养丰富的食谱后,请执行包含它们的饮食计划。

第三,保持简单(至少现在)。你要尽量避免复杂的食谱。放进盘子里的健康食物越简单,准备起来就越容易。只有在适应新的饮食习惯后,你才能去尝试更为复杂的食谱。

第四,少食多餐。这个技巧与间歇性禁食者(IFer)给出的建议是背道而驰的,他们在一餐里最多能摄入约8372焦耳的热量。吃完这顿大餐之后,他们在很长的一段时间(通常是12到24小时)内不再进食。

间歇性禁食策略确实具备几个令人瞩目的优势：有助于控制胆固醇，提高人体生长激素水平，还可以简化饮食。但是少食多餐策略却有两项很重要的优势：

1.可以使你避免摄入超过自己身体所需的热量。

2.可以使大脑有机会接收到"我已经吃饱了"的信号。研究表明，大脑需要20分钟才能接收到来自胃肠激素的饱腹感信号。想一想这20分钟内，你将摄入多少多余的且不必要的食物！

第五，阅读食品标签。每次去杂货店时，请阅读你所购买的每样商品的配料成分表。你可能会对在那些看似无害的产品中所发现的不健康成分的数量感到惊讶。这里的罪魁祸首是高果糖玉米糖浆和各种稳定树胶，现在这两种物质几乎在所有加工食品中都能找到。

第六，吃富含健康脂肪的早餐。它会使你感到饱腹的时间更长一些，从而阻止你吃垃圾食品。

长期以来，我们都被告知饱和脂肪不利于健康，它可能会导致体重增加。现在，科学家们认识到这一观点其实并不正确，或者至少是严重缺乏证据的。某些脂肪，例如鸡蛋、牛肉、鱼、全脂酸奶和黄油中的脂肪，不仅对身体有益，而且美味可口!

我所吃的脂肪比我认识的任何人都要多,但这些年我的身材一直很苗条(不,我的新陈代谢并不高)。

第七,少吃水果。这个建议似乎和我们过去的看法不同,因为我们一直都被教导:水果对身体有益("每天吃一个苹果可以远离医生!")。但是现在的大部分水果中都含有大量的果糖,它们都是经过特殊加工的。

许多研究表明,摄入过量的果糖会对身体产生严重的不利影响。一些科学家甚至声称,长期摄入高剂量的果糖可能会对肝脏产生毒性。话虽如此,但是关于人体对果糖的实际反应目前尚无定论。现在,请少吃水果,避免体内糖分超标。

记住,"垃圾进,垃圾出"。健康的饮食在保证我们全天能够集中精力并保持高的工作效率方面起着重要作用。运用以上七种饮食技巧来培养一个能让你保持专注、充满活力和动力的饮食习惯吧。

习惯7：避免他人打扰

电子邮件、社交媒体、短信、电话、网络聊天以及偶尔出现的敲门声……所有这些干扰都可能会扰乱你的工作流程。它们不仅会分散你工作时的注意力，还会破坏你的动力。

这些与其他类型的干扰（例如在YouTube上观看猫咪视频）之间最大的区别在于，你是被动的，是被迫让他人来占用自己的时间的。

这会使事情变得复杂。

你能够自主地关掉YouTube，克制自己不玩电子游戏。但是，你一旦通过电子邮件、短信、网络聊天或任何其他渠道与他人建立了联系，就会很难脱身。有时候，你本以为打电话沟通只需花几分钟，但却被迫陷入一场持续半小时的谈话之中。

这就是时刻保持在线的主要缺点，而且情况会变得更糟……

干扰是如何破坏你的工作效率的

反复被打扰可能会对你的工作效率造成灾难性的影响。研究表明，在工作中被打断后，大脑可能需要大约25分钟才能恢复动力。你自认为能够立即投入工作，但其实大脑需要花时间来调整，在此之前，你的工作进度会处于停滞状态。

想象一下每小时被打扰一次的后果：你每小时都会因为大脑需要时间调整而损失很大一部分的专注时间。因此，你可能很难完成任何实际的工作。

现在想想那些全天不停地查看电子邮件、社交媒体账号、短信和语音邮件的可怜人吧！他们能够完成任何工作都是奇迹！

避免他人打扰的艺术

如果你想提高工作效率，那么一定要避免让自己被打扰。这意味着你要避免他人来占用你的时间，直到你在工作进行当中找到一个合理的时间来回应他们。

例如，假设你正在使用番茄工作法来进行时间管理，以便更好地专注于手头的工作。典型的番茄工作时间表如下：

- 工作25分钟。
- 休息5分钟。
- 工作25分钟。
- 休息5分钟。
- 工作25分钟。
- 休息5分钟。
- 工作25分钟。
- 休息15分钟。

将每次的5分钟休息时间用来回复电子邮件绝对是个坏主意！因为如此一来你会很容易陷入来回的电子邮件对话中。如果每封邮件都要求你立即回复，可能会导致你的工作将花费比你原先计划更多的时间。

通过社交媒体、短信、电话和网络聊天来与其他人保持联系也是如此。

一个方法是等到了15分钟的休息时间再联系那些人。这样会有更多的时间供你支配。

不过，还有另一个我认为更好的办法：安排一天中的某个特定时间段来回复电子邮件、短信和电话。我安排的时间段是11:00到11:30和18:00到19:00。

就是这样，一天两次。我根据自己的状况，安排合理的时间段与他人保持联系。

这样做的好处是我可以全身心地投入工作，并且能在24小时内回复所有需要回复的人。

你可能会想："但是如果遇到需要我对一些重要事情立即做出回应的人怎么办呢？"

这里有一个小秘密：工作中，很少有需要你立即做出回应的状况，即使有人说情况十万火急也是如此。因为人们可感知的紧急情况其实很少是真正的紧急情况。

大多数事项可以等待7到8个小时，并且不会产生负面影响。

如果你希望在工作日不受打扰，那么请按照以下建议操作：

◆ 关闭手机，远离社交媒体，并且在工作时不要查看电子邮件。

◆ 每天选择两个时间段来查看你的电子邮件、短信、语音邮件和社交媒体账号。如果你的工作或业务需要你更频繁地"签到",那么请根据职责进行调整。

◆ 养成忽视所有即时需求的习惯。如果有人敲你家的门,就无视它并继续工作(如果此人坚持不懈,你可能就需要降噪耳机),但是也要根据具体情况合理地进行调整。

上述的建议可能有悖于你之前的习惯。当他人联系你时,你会习惯于立即回复电子邮件、电话和短信。你甚至可能会认为,他人会因为你没有立即做出回应而生气。这种想法是否正确取决于你所创造的期望。如果人们期望你立即做出回应,那么是时候设定新的期望了。

有些人会表示理解;有些人会感到困惑,需要接受"再培训";还有的人可能会因为你没有迅速回应他们的要求而感到被冒犯。

你无法控制他人的感受,所以不必浪费时间诚惶诚恐。无法避免得罪的人是总会得罪的,大多数人最终都会明白并理解你的。

总结一下，最重要的是：工作中反复被打扰会降低你的工作效率。请记住，当他人提出占用你的时间时，你是唯一可以保护自己的时间和工作流程的人，也是唯一有动力这样做的人。

如果你想做更多的事情，想把更多的时间奉献给所爱的人和物，那么就请采取措施避免他人的打扰。

习惯8：毫不动摇地坚持二八定律

你一定听说过帕累托法则，其又名二八定律。它指出，世界上充满了不平衡性，80%的结果来自20%的努力。

20世纪初，经济学家维尔弗雷多·帕累托提出了这一最初的法则，此后这一法则一直应用于所有的利基市场。从航空航天到生态学，各个领域的专家都使用二八定律来帮助他们决定如何分配有限的资源。

早在20世纪初，帕累托就观察到，他的花园里出产的豌豆的80%来自20%的豌豆荚（参考维基百科资料）。这一观察结果后来被称为二八定律，由各个领域的专家进一步研究发展。

例如，在零售业中，80%的销售额来自20%的客户；在音乐行业中，80%的可用广播覆盖分配给了20%的乐队和音乐艺术家（实际上，它更接近99∶1，但是你明白我的意思）；在软件工程中，80%的生产力来自20%的工程团队的工作。

所以请记住，你的待办事项清单上的每项任务并不是都具有同样的重要性。有些任务比其他任务对你设定的目标的贡献更大，有些则完全是浪费时间。

你需要确定哪些任务值得关注，哪些可以暂时搁置或完全放弃。

为什么必须在生活中应用二八定律

如果你想提高工作效率，那么应用二八定律是你可以养成的重要的习惯之一。如果你从不区分对你的目标有帮助的任务和没有帮助的任务，那么永远都是在浪费时间。

在不必要的工作上浪费的时间可以用来陪伴家人和朋友；或者可以用来发展能产生第二笔收入的副业；或者可以用来促进你的职业发展，并使你成为你所在利基市场的权威人士；或者仅仅用来放松一下，让大脑在辛苦一天后得到休息。

将二八定律应用于你的生活，会使你更倾向于剔除那些几乎没有任何价值的周边活动。这样一来，你就可以腾出更多的时间来做更有成效、更具价值的事情。

你可以采用多种方式将二八定律应用于一天的工作中。仅需一点点创意和期望，你就能扔掉你目前待办事项清单上的大部分无关任务。

如何应用二八定律节省更多时间

第一，精简阅读电子邮件。你真的需要阅读收件箱中的每一条邮件吗？不需要。大多数邮件可以被忽略或是在你手上有时间时阅读。

想想你收到的时事通信类电子邮件。你可以取消绝大部分的订阅并且不会有任何后果。

第二，忽略部分语音邮件。你必须回复每一条语音邮件吗？当然不是。诚然，每个给你发语音邮件的人可能都希望得到回复，但是他们的期望并没有强迫你。

如果的确需要回复，请采用电子邮件发送信息。如此一来，你就可以避免陷入一场耗费你高效率工作时间的电话交谈中。

第三，如果你在经营一家企业，想想你花费了多少时间来解决客户的投诉。你能有效地利用这些时间吗？

你需要考虑的是，某些客户贡献了很高的销售额，因此值得重点关注，而其他客户可能对你的最终盈利贡献很小。对于贡献很小的客户，你花费大量时间来解决他们的投诉毫无意义，尤其是在这类投诉没有价值的情况下，最好的办法是全额退款然后继续前行。

节省企业老板时间的首要办法是找出减少投诉的方法。如果你是服务提供商,请确保你的服务是一流的;如果你是产品销售商,请确保你的产品是优质的。另外,在你的网站上发布"常见问题"专栏,它可以帮助你避免重复处理多个客户之前投诉过的潜在问题。

第四,评估待办事项清单。评估清单里重复的或与你过去完成的任务相似的任务。从长远来看,这些任务会占用你很多时间。问问自己,这些任务是怎样帮助你实现目标的?它们是否真的驱使你朝目标前进了?如果答案是肯定的话,那么它们具体能起到多大的作用呢?

所以,你需要评估每项任务是否值得花费时间和精力。你执行这些任务是因为它们很重要,还是因为你一直以来都在执行它们?如果这些任务对实现你的目标没有帮助,那么请将其从列表中删除。

第五,审核上网行为。请记录下你每天访问的网站,一周之后检查该清单。其中有多少网站对实现你的目标有作用,又有多少为实现你的盈利做出了贡献?大概率就是,能起作用的少之又少。

尽情享受上网是可以的。互联网是放松身心的好去处。但是,如果你每天在Facebook、CNN和YouTube上耗费数小时,就浪费了大量的时间。

上述仅仅涵盖了你生活中某几个可以从二八定律中受益的领域，其实你还可以通过许多其他方式应用该定律。要记住，时间就是金钱，你从那些无关紧要的事情中节省出的每一分钟都可以用在其他事情上。

对一些人来说，这是改变人生的顿悟。

要旨：要想变得高效，请养成在生活中的各个方面使用二八定律的习惯。

习惯9：做一个反完美主义者

我们大多数人都是完美主义者，希望把事情做到极致完美，并愿意投入必要的时间和精力去实现它。

例如，如果你是一名软件工程师，就会花几个小时来确保你编写的代码是干净整洁的，并保证每行都有详细的注释；如果你是一位小说家，就会反复编辑书稿内容，确保没有拼写或语法错误；如果你是一名会计师，就会花费大量时间来确保每位客户的文件都完全没有错误。

你坚持己见，还可能会说："别忙着反驳我，追求完美是专业精神的最高境界，是人们对我作为这个领域专业人士的期望！"

但是你错了。

很少有人期望别人是完美的。你的老板、客户和配偶都清楚每个人都会犯错，只要你的工作不是充满了错误，他们都会包容你。用电子产品举例，如iPhone和Kindle，苹果公司和亚马逊公司都意识到自己的产品并不完美。两家公司都没有试图创造出完美的产品，他们把产品生产出来并进行销售，后续在随后的版本中根据客户投诉的问题进行修正。

你肯定想要在一天的工作中尽可能少犯错。错误不仅需要耗费时间去改正，还会影响别人对你的看法。但是请你控制自己花费在想要追求无差错工作上的时间。

过分追求完美并不值得。

完美主义如何影响你的工作效率

完美主义的问题在于，它与保持较高的工作效率背道而驰。两者就像油和醋，不能混在一起。

思考一下，当你不懈追求完美时会发生什么：

◆ 你需要花费更长的时间才能完成任务。

◆ 你耗费大量时间在其他人不太可能注意到的细节上。

◆ 你会错过截止日期。

◆ 你会不屑于他人的不完美的工作成果（即使他们按时完成了任务并受到了老板和同事的赏识）。

◆ 你会对制造在你眼中不完美的事物产生强烈的抵抗情绪。

◆ 你会开始害怕失败。

◆ 你会开始为了追求无差错的工作而忽视自己的健康。

◆ 你会浪费大量的时间,而这些时间可以用来做更多有意义的事情。

◆ 你会变得没有朋友,因为没有人能达到你完美的期望。

更具有讽刺意味的是,以上出现的状况很可能会导致你的工作质量显著且迅速地下降。为什么?因为过分追求完美最终会让你倦怠,导致你犯错。而且这反过来也会扼杀你工作的动力。你会开始拖延,因为害怕做一些会被别人嘲笑的事情。

这是一个残酷的恶性循环。你追求完美的努力被误导了,最终破坏了你对完美的追求。在这个过程中,你的工作效率受到了严重的打击。

如何控制你内在的完美主义思想(并完成更多工作)

辨别自己是不是一名完美主义者其实很容易,完美主义的许多迹象十分明显。成为反完美主义者的第一步是识别完美主义的迹象。请对照你的日常工作流程，检查自己是否有以下任何一个危险迹象：

- ◆ 你喜欢规避风险。
- ◆ 你不喜欢走出舒适区或学习新事物。
- ◆ 即使别人称赞你的工作，你也会为自己的错误而感到自责。
- ◆ 你对建设性的批评持消极态度。
- ◆ 你错过了截止日期或者经常要求延期。
- ◆ 你不能容忍有人在工作中比你表现得更加出色。
- ◆ 你不愿将任务委派给他人且事必躬亲。
- ◆ 你对自己和他人都有不切实际的目标和期望。
- ◆ 你的自尊程度与他人对你工作的看法紧密相关。

如果你发现自己具有上述任何一种迹象，就该重新评估自

己的工作方式了。具体来说,这时候你需要驱赶内心的完美主义了。以下是一些建议:

1.请注意以上警告迹象。你可能不会有以上所有迹象,但是,即便只有其中少数几项也足以说明问题。

2.不要自欺欺人。如果你发现自身有其中任何一种迹象,那么请不要试图说服自己,并认为自己的工作方式是好的。提升自我意识是改进工作方式的关键所在。

3.找出自己想要追求完美的执念。比如,你认为这样会让你的事业更上一层楼吗?你确信要是在工作中犯错了,事业就会因此而一败涂地吗?请确定是哪些执念在驱动你执着地追求完美。

4.质疑你的执念。你在建议3中确定的假设很可能是你的错觉。例如,犯错误不会导致事业一败涂地。请质疑你关于完美主义的每一条执念,核实它们是否是理性的。

5.慢慢地改变个人习惯。如果你不习惯委派任务给他人,那么请先尝试将一些低优先级别的任务外包出去;如果你对建设性批评抱有消极态度,请厚着脸皮诚恳地请求他人如实地反馈建议,这样你就能变得更坚强。不过,请勿贸然地进行大范围的、全面的改变。一次专注于一个习惯就好。

6.跟踪效果。你养成的新习惯有负面影响吗?这种变化产生了什么影响?为了能自信地禁止你内在的完美主义的念头,你需要确保养成的新习惯不会带来负面影响。达到此目的的唯一方法就是跟踪效果。

7.限制你在每个项目或任务上花费的时间。你设定多少时间,完成任务就会花费多少时间,若是给自己设定太多的时间,则会让内在的完美主义念头死灰复燃。为了防止这种情况的发生,请给待办事项清单上的每项任务都设定有限的时间,然后规定自己在该时间过后就将它搁置一旁。

执着于完美主义会降低你的工作效率,会阻碍你的业务开展,会束缚你的职业生涯,甚至会破坏你的人际关系。

请立刻采取行动来驱赶你内在的完美主义思想吧!如果你发现自己的工作质量有了很大的提高,不要感到惊讶。

习惯10：一次专注于一项任务

多任务处理是影响工作效率的祸根，对于这一点，你应该不会感到惊讶。已经有无数的文章（以及多本书籍）对这个观点进行过深入阐述。然而，尽管有大量的反对多任务处理的呼声，但还是有不少人仍然坚持这一做法。

他们坚持这样做的部分原因是多任务处理带来的成就感。因为大脑一直在运转，你感觉自己好像完成了大量的工作，这种感觉带来了情感上的满足。

问题在于，这种感觉就像海市蜃楼，是一种错觉。这和你的配偶在城里勾搭其他异性时，你还对自己的婚姻感觉良好没有什么不同。

禁止你内心的多任务处理冲动的关键就是要正视这种错觉。你需要深入了解，当人们将注意力同时分散在多个任务上时，工作效率是如何降低的。

多任务处理的后果（成为单任务处理者的六个理由）

多任务处理人士最大的错觉是自认为是高效率的。他们认为自己的工作效率很高，一天中完成的工作量比单任务处理者所完成的要多，并且还确信自己的工作质量很高。

可是现实却大相径庭。以下是多任务处理可能会影响工作效率和工作质量的六个方面：

1.你手头的每项任务都需要花费更多时间才能完成。那是因为你将注意力分散在它们之间，大脑并不能神奇地腾出更多的思维空间来应对额外的负担。另外，大脑每次从一个项目切换到另一个项目时都需要时间进行调整（这就是所谓的"转换成本"）。

2.你会犯更多的错误。每次在火急火燎的时候，人们的出错率就会增加。当你试图同时处理多个任务时，也会发生同样的事情。请记住，大脑分配给这些项目的思维空间是有限的。对每个任务的关注度越低，大脑就越可能犯更多的错误。

3.你会忘记重要的细节。研究人员发现，人在进行多任务处理时更容易出现健忘的情况，这种对记忆力的负面影响似乎随着年龄的增长而变得更加明显。这些惊人的发现都发表在2011年的《美国国家科学院院刊》（*Proceedings of the National Academy of Sciences*）杂志上。

4.你会面临更多的压力。多任务处理会让我们承受更高的压力，这不足为奇。我们一次性处理的任务越多，所承受的压力就越大。此外，我们身边还有太多的能够分散我们注意力的电子产品，如那些已经成为人们生活一部分的智能手机、平板电脑等。如此一来，你就会产生焦虑。

5.你会缺乏创造力。2012年，《心理学科学前沿》（*Current Directions in Psychological Science*）杂志发表了伊利诺伊大学研究人员的发现，多任务处理会对工作中用来解决问题的记忆力和创造力产生负面影响。这会影响生活的许多方面。没有好的创意，你就无法解决工作中遇到的难题，无法设计出有用的产品或创作出引人入胜的文章。缺乏创造力甚至会妨碍你与配偶和孩子的关系。

6.你的大脑会长期受损。科学家发现，多任务处理会损害大脑的认知功能。当各个年龄段的人试图一次处理多个任务时，他们在认知测试中的表现都很差。卡内基梅隆大学认知脑成像中心（The Center for Cognitive Brain Imaging at Carnegie Mellon University）的研究人员发现，与一次处理一个任务的人相比，尝试处理多个任务的大多数人的大脑的效率更低。

由此，与多任务处理相关的成本，尤其是与生产力相关的成本是巨大的。它们会影响到你的事业、你的业务、你的家庭关系，甚至你的生活质量。因此，如果你是一位习惯多任务处理的人士，那么现在是时候改变工作方式了。

如何成为高效的单任务处理者

第一，你必须了解多任务处理是提高工作效率的大敌。如果你仍不相信，就会一直为执行多个任务处理找借口。幸运的是，你不需要对自己进行任何思想控制，就可以相信单一任务处理的优点，因为有大量的科学研究文献（参考上文）供你参考。

第二，养成拒绝别人要求占用你时间的习惯。如果你没有必须回复的义务，那么请学着说"不"。许多人因为忙得不可开交而被迫进行多任务处理，其问题不在于忙碌，而在于无法拒绝别人的要求。所以，他们最终要处理许多与自己的目标毫不相干的任务。

第三，使用番茄工作法或时间定量法。在处理任务或项目时，两种方法都强调一次只专注于一件事，以避免分心。两者都是学习专注于单个任务的绝佳方案。

第四，保证充足的睡眠。当你的大脑疲劳时，你更容易受到干扰。待办事项清单上的任务也属于这类干扰因素。因为精疲力竭的大脑无法集中注意力，为了逃避眼前的任务，就会被多任务处理方式所吸引。

第五，休息片刻。大脑如果长时间不休息，就无法高效地工作。毫无疑问，随着工作时间的延长，注意力会变得越来越难以集中。你的大脑需要经常休息。

第六，前一天晚上做好计划。当你坐下来工作时，头脑中应该有关于这一天工作的清晰计划。你应该知道今天需要完成哪些任务以及处理任务的顺序，清晰的计划能让你集中注意力。

第七，工作时听音乐。正确的音乐类型可以帮助你集中注意力，避免分心，抵挡周围同事的干扰，从而避免多任务处理的倾向。记住，心不在焉的人会倾向于寻找其他途径来逃避当前的任务。

不过，听音乐并不适合所有人。你的工作环境可能不允许你戴耳机，也不允许你从身边的活动中抽离出来。或者，音乐本身可能会让人分心。我知道许多作家在绝对安静的环境下才能工作。

不过，在条件允许下，你还可以尝试不同类型的音乐。你可以尝试巴洛克音乐（布拉姆斯非常棒），大气摇滚和"预告片"音乐〔在YouTube上搜索Thomas Bergersen（托马斯·贝格森）和Two Steps From Hell（《地狱咫尺》）〕。你也可以坚持听器乐作品，这种音乐没有分散注意力的人声。

到目前为止，你已经了解到"提高工作效率必须养成的十大好习惯"，但我还要极力主张多向你介绍一个有用的好习惯……

额外的习惯：吝啬自己的时间

没有人比你更有动力去保护自己的时间，也没有人会从中获得同样多的效益。如果你的时间从指缝中溜走，也不会有人为此感到惋惜。

你的朋友、家人和同事不必承受你工作效率低带来的后果。如果你屈服于他们对你的时间的要求，他们就会得到想要的东西（你的关注、帮助等）。与此同时，他们还不用承担任何责任，即使这种做法给你带来了负面影响（你错过了截止日期，注意力不集中，失去了动力等）。

这样评价他人似乎有点尖酸刻薄，但以我的经验推断，这就是真相。想象那个声称处理他的问题"只需要一秒钟"的同事，或者那个问你"你有时间帮我吗"的同事。

他在上一次请求你的帮助时说"只需要一秒钟"，是什么时候？这个请求本身就是毫无诚意的，这暴露了他的个人信念，即他的时间比你的时间更有价值（尽管在面对面的时候，他会极力否认这一点）。

如果说频繁出现的此类状况,是由你自己一手造成的,你该怎么办?

你是如何纵容他人在工作中打扰你的

人们对打断你的工作感到合理的原因之一就是,坚信这是你可以接受的行为。也许他们太以自我为中心,认为别人应该停止手头的事情去满足他们的需求;也许他们不珍惜自己的时间,缺乏时间宝贵的意识,也因此不会尊重你的时间。有许多事情可能是问题的核心。

其主要原因是:你一直以来对他们有求必应。

我们每天都在通过设定期望来训练身边的人,这些期望是通过一致的应用程序创建和强化的。一旦期望建立起来,就能驱使他人的行为。

比如说,当同事来到你的办公室时,你总是把手头的事情放在一边;当每次有人打扰你时,你都会通过给予他们关注来回报他们的打扰。

现在,你能明白为什么那个人总是会倾向于打扰你吗?因为你建立了他能得到帮助的期望。此外,你还向他表明,他不会因为打断你而受到任何影响。

其实大多数人都会通过对他人有求必应来获得心理安慰。大家都认为应该对周围的人说"是",这样做可以避免给他人留下"难以接近"的印象。

问题是,人们就这样在不知不觉中纵容他人来打扰自己,给他人设定有求必应的期望,并且他人也可能会得到回报(你的关注、帮助等)。

如果你正处在这种困境中,就该走出这个怪圈并设定新的期望。

如何对别人说"不"

拒绝是一种需要后天习得的技能。起初很难做到,但当你一遍又一遍地训练时,它就会变得容易。换句话说,熟能生巧。

重要的是要记住,拒绝他人只不过是保护你的有限时间的一种方式。你每天只有那么多的时间来处理生活中最重要的事情,而满足他人的要求就会迫使你将自己的优先事项放在一边。

第一步是要对他人真诚。在他人向你寻求帮助时,不要只是生硬地说"不",也要解释一下你为什么不能帮助他们。

第二步是协商在稍后的时间帮助他人。例如,当有人来你的办公室时,你可以说:"我很乐意帮你,但目前我正在为老板准备一份重要的文件。我们可以约在今天15:15见面吗?"

你给打断者另一个选择,仅此一点就能让你的"不"更容易被接受。

还有一个策略是通过另一个人来处理他人的请求。例如,你可以通过老板来拒绝他人,你的老板应该知道你正在做的项目。在这种情况下,他能判断你是否有时间处理另一项任务(如果老板不知道你的工作流程,请告知他)。

诚然,此方法仅适用于你有老板的情况下。如果你在经营自己的公司,那就行不通了。毕竟,你是老板,不用向任何人报告工作流程。

学会说"不"将成为你努力提高工作效率的有价值的工具之一。一开始你可能会不适应,但是请记住,你是唯一能够保护自己时间的人,他人不会有同样的动机。

关于养成有助于提高工作效率的习惯的最后几点思考

在本手册中,你可以把这十个习惯(和一个额外的习惯)看成是创造富有成效的工作方式的基础。提高工作效率的好处不仅仅是让我们能完成更多的工作任务，还能为我们享受更有意义的生活创造条件。

你将会有更多的时间陪伴家人和朋友，将会有更多的时间投入到自己所热爱的事物中，将在更低的压力水平、更高的专注力、更高的效率和更多的收入等方面受益。

我强烈建议你一次专注于培养一个习惯，在养成下一个习惯之前必须熟练掌握当前的已养成的习惯。否则，你可能会被这个过程搞得不知所措、灰心丧气，这只会让你更容易放弃。

建议你浏览 ArtOfProductivity.com，每当有能帮助你进一步提高工作效率且重要的资讯要和你分享时，我就会发布在博客上，同时也会给你发送一封电子邮件。

当你收到这封邮件时，请尽快阅读。原因是这样的：每当在亚马逊上发行一本新书时，我都会在一两天内提供很大的折扣。一旦过了启动阶段，它就会恢复原价。

为了确保你不会错过精彩和折扣，请在收到邮件后即刻查阅！

我衷心希望你喜欢本手册，它包含了大量非常有帮助且即时可用的信息，能立竿见影地帮助你提高工作效率。

尽情享受阅读的乐趣吧！愿你有时间去做重要的事情，从而继续追求更有意义的生活！

愿你不断进取，生活事业步步高！

达蒙·扎哈里亚德斯（Damon Zahariades）

http://www.artofproductivity.com

记录你的晨间惯例

记录你的晨间惯例

记录你的晨间惯例

记录你的晨间惯例

_____

_____

_____

_____

_____

_____

记录你的晨间惯例

_____

_____

_____

_____

_____

_____

记录你的晨间惯例

_____

_____

_____

_____

_____

_____

记录你的晨间惯例

记录你的晨间惯例

记录你的晨间惯例

记录你的晨间惯例

记录你的晨间惯例

记录你的晨间惯例

记录你的晨间惯例

记录你的晨间惯例

记录你的晨间惯例

_____

_____

_____

_____

_____

_____

记录你的晨间惯例 ✏️

_____

_____

_____

_____

_____

_____

_____

记录你的晨间惯例

记录你的晨间惯例

记录你的晨间惯例

记录你的晨间惯例

_____

_____

_____

_____

_____

_____

记录你的晨间惯例

记录你的晨间惯例

记录你的晨间惯例

记录你的晨间惯例

记录你的晨间惯例

记录你的晨间惯例

记录你的晨间惯例

记录你的晨间惯例

_____

_____

_____

_____

_____

_____

_____

记录你的晨间惯例

记录你的晨间惯例

记录你的晨间惯例

记录你的晨间惯例

记录你的晨间惯例

记录你的晨间惯例

记录你的晨间惯例

_____

_____

_____

_____

_____

_____

记录你的晨间惯例

记录你的晨间惯例

_____

_____

_____

_____

_____

_____

_____

清晨高效能

晨型精英都在用的时间管理术

[美] 达蒙·扎哈里亚德斯 —— 著
周彦希 ———— 译

图书在版编目(CIP)数据

清晨高效能:晨型精英都在用的时间管理术/(美)达蒙·扎哈里亚德斯著;周彦希译.—北京:世界图书出版有限公司北京分公司,2020.7
书名原文:Morning Makeover: How To Boost Your Productivity, Explode Your Energy, and Create An Extraordinary Life – One Morning At A Time!
ISBN 978-7-5192-7615-7

Ⅰ.①清… Ⅱ.①达… ②周… Ⅲ.①时间—管理—通俗读物 Ⅳ.①C935-49

中国版本图书馆CIP数据核字(2020)第118157号

Translated and published by Beijing Qianqiu Zhiye Publishing Co. Ltd., with permission from Art of Productivity/DZ Publications. © 2017 Art of Productivity/DZ Publications. Translation arrangement managed by RussoRights, LLC and CA-Link International on behalf of Art of Productivity/DZ Publications.

书　　名	清晨高效能:晨型精英都在用的时间管理术
	QINGCHEN GAOXIAONENG : CHENXING JINGYING DOU ZAI YONG DE SHIJIAN GUANLISHU
著　　者	[美]达蒙·扎哈里亚德斯
译　　者	周彦希
责任编辑	尹天怡　张保珠
特约编辑	兰红新
装帧设计	梦　瑶
出版发行	世界图书出版有限公司北京分公司
地　　址	北京市东城区朝内大街137号
邮　　编	100010
电　　话	010-64038355(发行) 64037380(客服) 64033507(总编室)
网　　址	http://www.wpcbj.com.cn
邮　　箱	wpcbjst@vip.163.com
销　　售	各地新华书店
印　　刷	天津丰富彩艺印刷有限公司
开　　本	880 mm×1230 mm　1/32
印　　张	7
字　　数	110千字
版　　次	2020年7月第1版
印　　次	2020年7月第1次印刷
版权登记	01-2020-2962
国际书号	ISBN 978-7-5192-7615-7
定　　价	46.00元

如有质量或印装问题,请拨打售后服务电话010-82838515

免费的 / 礼物

嗨！我有份礼物要送给你，**不用你花钱。**它是一本标题为**《提高你的效率！高效能人士必备的 10 个好习惯》**的小册子！虽然篇幅不长，但内容很丰富，能给你提供不少可以改变人生的 可行性 建议。我非常诚挚地希望你拥有它！

在本书正式开始之前，我想对你表示感谢！因为你的时间是有限的，对于如何度过当下的时光，你其实有很多选择，而你愿意花时间来阅读《清晨高效能》，于我而言，意义深远！

再次感谢你！

现在，让我们深入研究如何创建可以真正改变人生的晨间惯例，相信你会为决定参加这次探险而高兴！

时代的 / 智慧

> 当你清晨醒来时，请思考一下，活着是多么珍贵的特权：自由呼吸、思考人生、享受生活，以及爱他人。

——马可·奥勒留[1]

> 虽然我已经退休了，但如果说有什么状况能让我感觉生不如死，那就是早上起床后不知道该做什么。

——纳尔逊·曼德拉[2]

> 如果利用好早晨，那么这一天的时光都在你的掌控之中。

——佚名

---

[1] 马可·奥勒留（121—180年）是罗马帝国五贤帝时代最后一个皇帝，《沉思录》的作者。
[2] 纳尔逊·曼德拉曾任南非总统（1994—1999年在任），是南非首位黑人总统，被尊称为"南非国父"。

目录

引言 我们为什么需要晨间惯例 / 1

- » 没有晨间惯例的生活 / 2
- » 晨间惯例给你带来的十个好处 / 5
- » 意图的重要作用 / 13

本书内容提要 / 19

如何利用本书提升自己 / 25

Chapter1　如何为富有成效的早晨做好准备　/ 001

- » 高质量睡眠的作用　/ 003
- » 十个小贴士助你从此拥有高质量睡眠　/ 007
- » 我的晚间惯例及助我安然入睡的方法　/ 016
- » 有必要在清晨五点起床吗　/ 019
- » 早起的十个理由　/ 022
- » 如何让自己在醒来时感觉精力充沛　/ 030

Chapter2 创建完美的晨间惯例的十个步骤　/ 039

» Step 1　确定你的"目标"　/ 041
» Step 2　列出潜在的障碍　/ 044
» Step 3　确定晨间惯例所需的时间　/ 048
» Step 4　选择与你的意图一致的晨间惯例活动　/ 052
» Step 5　选择可以充分提升能量的活动　/ 056
» Step 6　从简单的计划开始　/ 060
» Step 7　简化晨间惯例　/ 064
» Step 8　熟悉"习惯链"　/ 068
» Step 9　记录你的晨间惯例　/ 072
» Step 10　定期调整晨间惯例,以面对新的挑战、适应目标和日程变化　/ 076
» 成功的关键:循序渐进　/ 080

Chapter3 如何应对挑战和失误 / 085

- » 要是错过了一天呢 / 087
- » 要是你讨厌早晨呢 / 090
- » 要是在醒来时仍感觉疲惫呢 / 093
- » 要是习惯性地按"贪睡按钮"呢 / 096
- » 要是家里有年幼的孩子呢 / 099
- » 要是缺乏毅力呢 / 102
- » 要是工作时间不固定呢 / 106

Chapter4　十位成功人士的晨间惯例　　/ 113

» 1　托尼·罗宾斯的"启动仪式"　/115
» 2　加里·维纳查克的"三小时预备班"　/119
» 3　蒂莫西·费里斯的"五步养生法"　/123
» 4　凯文·奥利里早晨的"三项优先"　/129
» 5　弗兰·塔肯顿的"大脑喂养"训练　/133
» 6　斯科特·亚当斯的"二十分钟自动运行程序"　/137
» 7　霍华德·舒尔茨的"激励早晨"　/143
» 8　凯特·科尔的"身心准备程序"　/148
» 9　谢丽尔·巴舍尔德的"准备领导仪式"　/153
» 10　理查德·布兰森的"全速早晨"　/159

最后的思考 / 165

参考资料 / 168

你喜欢阅读《清晨高效能》吗 / 174

关于作者 / 176

引言
我们为什么需要晨间惯例

没有晨间惯例的生活

我之前的人生有那么一段时间,早晨的生活完全没有规律可循。那时的我刚刚辞去了工作,告别朝九晚五的生活,每天早晨八点起床后,便无处可去,当然也没有任何场合需要我穿除T恤和短裤之外的衣服。

我就想趁机充分地享受这段自由的时光,不设定起床闹钟,经常在上午十点以后才起床,然后上网随意浏览,看新闻、浏览博客,接着吃早餐。

之后呢，洗澡，刷牙，收拾好装备（笔记本电脑、水杯等），出门去咖啡馆。我有时会在上午十一点离开家，有时会在下午一点才离开。

换句话说，在那段日子里，我的早晨完全是在浪费时间，毫无计划和安排。

更糟糕的是，疏于管理清晨时光让我一整天的心情都蒙上了一层阴影，如果用一个词来描述这种情绪，就是"无精打采"。我没有精力、缺乏动力，感觉无聊和焦虑。

你可以想象，我的效率直线下降，时间都从指间溜走了。

其实我对晨间惯例并不是一无所知的，而且在辞去工作之前还遵循着一套高效的晨间惯例：凌晨四点起床，给自己倒杯咖啡，开始整理和回顾前一天的销售数据。大约五点半，冲个澡，穿好衣服，然后去星巴克。我从六点到七点四十五在星巴克写作，然后去办公室。

由于晨间惯例执行得非常顺利，我完成了大量非常重要的工作任务，并实现了本人重大的人生目标。有一段时间，我开发了数百个网站，写完了一本畅销书，还负责撰写一份有几千人订阅的时事通讯周刊。同时，我每周还花五十到六十个小时在公司工作。

可以毫不夸张地说，是否遵循晨间惯例使我的工作效率有天壤之别。

无须争辩，没有了这种惯例，我的早晨就是一团糟。

如今我的生活彻底改变了，我创建了晨间惯例，坚持执行这套程序令我活力满满、精力集中、效率惊人。对我来说，这套程序为富有成效的一天奠定了基础。

在本书接下来的章节，我将与你分享我的晨间惯例。更重要的是，我将向你展示如何设计晨间惯例来实现目标。

我们在进一步讨论之前，先来谈谈晨间惯例能够在哪些方面改善你的生活状态。

晨间惯例给你带来的十个好处

当晨间惯例融入你的生活日程中,你将体验到独一无二的好处:有些人发现他们一整天都变得更有效率;有些人发现他们身心更放松,更具思考力;还有一些人惊讶地发现,一个目标明确的晨间惯例会让他们更具活力、自信并且更加专注。

大多数人会在执行惯例一两周之后发现,"早起"这一想法不再使他们感到压抑。相反,他们会期待早起,因为晨间惯例能帮助他们拥有富有成效的一天。

你将会真正体验到可以改变生活的诸多好处。以下是晨间惯例将给你带来的十个好处。

#1 你的每一天将变得更有条理

要是你每天清晨都遵循一套经过深思熟虑且精心计划的惯例，那么你的每一天都会变得更具条理性。每天都执行惯例（文后会有更多的介绍）会让你的早晨和一天中的其他时间更容易被预测和掌控，进而帮助你更高效地完成任务。

#2 你将有更多的精力

晨间惯例中的很多活动都可以极大地增加你的能量，重要的是，其中一些活动能确保你的能量不会在上午就耗尽。

例如，锻炼、散步和吃高蛋白早餐会让你精力充沛，还有些人发现练习瑜伽、冥想和洗冷水澡具有同样的效果。

我们会在第二章中详细讨论如何设计一套高质量的晨间惯例。

#3 你将不易受到决策疲劳的影响

一个人所做的决策越多，这些决策的质量就越低，这种效应被称为决策疲劳。[1]当这种类型的疲劳开始出现，你控制冲动和做出理性决策的能力就会变得越来越弱。

晨间惯例能让你减少在早晨做决策的次数。你要做的事情变成了一种习惯，从而免除了抉择是否需要去做的艰难任务。在早晨避免决策可以让你在接下来的一天中保持做决策的意志力。

#4 你的一整天会更有效率

你将在亲身体验中感知这一效果。要是早晨有个良好的开始,你会觉得对自己的一天更有掌控力。这种感觉一部分源于积极的心态;一部分由于精力更充沛,感觉更兴奋,精神更放松;还有一部分是因为你对于一整天需要完成的任务有了确切的把握。

遵循并执行高质量的晨间惯例,能让你的头脑准备好去应对不可避免的日常挑战和困难,要是之前没有做好准备,这些挑战和困难就会影响你的工作效率。

#5 你将感觉更好

晨间惯例的活动包括那些对大脑、身体或两者都有益的活动。例如,你可以用一杯水开启新的一天,然后练习瑜伽和冥想。或者你可以决定起床后立即去慢跑,然后洗个热水澡,接着吃一顿高蛋白营养早餐。

将上述例子与大多数人的早上进行比较。他们被起床闹铃吵醒，迅速按下"贪睡按钮"，继续睡觉。然后他们不得不从床上爬起来，急忙冲个澡，吃个甜甜圈或丹麦点心，喝杯咖啡。最后，他们冲进办公室，或者急匆匆地让孩子准备上学。

难怪有这么多人会感到整天都疲惫不堪！

#6 你将感受到更少的压力

你有过拖到最后一刻起床然后匆忙完成各项事务的压力吧？这种压力我们每个人都有过。无论我们是想准时到达办公室，还是想确保孩子做好上学准备（穿好衣服、准备好午餐等等），在最后一分钟仓促地完成任务都会引发强烈的焦虑感。

只要执行井井有条的晨间惯例就能消除这种压力，因为你拥有足够的时间解决所有需要关注的事务。当离开家的时候，你会感觉自己可以完全掌控这一天。

#7 你将享受更积极的心态

当你拥有更充沛的精力、更强的控制感、更兴奋的情绪和更少的压力时,就很难有消极的心态。不管遇到什么样的挑战和困难,你都会更乐观地面对这一天。

如果同事或家人发现了你在性格方面的积极变化,请不要惊讶;如果他们被你积极乐观的状态所吸引,也不要诧异:因为这种气质总能对他人产生吸引力。

#8 你将改善身体状况

你选择在清晨进行的活动必须有益于身心健康,例如我之前列举的练习瑜伽和冥想、慢跑、吃营养早餐和喝水等活动。

这些还都只是泛泛而谈。关键是,执行晨间惯例对身心健康至关重要。无论是想减肥、塑身还是提高记忆力,你所做的活动都会帮助你实现目标。

#9 你将更专注

当你以高质量的晨间惯例开启新的一天，将会发现自己比以往更加清醒，能更专注于需要完成的工作。

一部分原因是你拥有了更多能量。精力越充沛，你就越容易专注。

一部分原因是你感觉身体更健康，压力更少。当身体感觉良好，大脑又没有感到焦虑的负担时，你会更容易持续高效地工作。

还有一部分原因在于你享受了更高质量的睡眠。（我们将在第一章中深入讨论睡眠问题。）

#10 你将拥有更具意义的一天

你会发现执行晨间惯例会让你在接下来的时间里更具目的性，并感觉到自己与需要完成的任务事项有更密切的联系。对于当天最重要的任务以及它们将如何为你的长期目标服务，你心里会更有数。

以上列举了当你养成良好的晨间惯例时，会得到的十大好处，但这并非一份详尽的清单，好处其实远不止这些。这些只是每天早晨有目的地进行活动所能享受到的最常见的好处。

接下来我们谈谈意图对创建和执行一套高质量的晨间惯例所具有的重要作用。

- **意图的重要作用**

请仔细思考早晨你需要起床的原因：或许是为了准时到达工作场所，或许是为了保证孩子们做好上学准备，或许你是个自由职业者，知道赖在床上表示不在工作状态，也就意味着没有收入。

上述原因都基于必要性，你采取行动是因为不得不如此。

例如，如果你习惯性迟到，就可能会被解雇；如果你不能让孩子们按时到校，就会对他们的学业成绩造成负面影响；作为自由职业者，如果你不能完成手上的任务，就得不到报酬。

意图对我们有着重大的影响。它能驱使我们采取行动，激励我们去做自己认为不可能做到的事情，但是也会给我们带来不必要的压力。

值得庆幸的是你可以选择自己的意图，因为你就是自己人生之船的船长，也是自己人生故事的导演。

认识到意图的重要性对设计高质量的晨间惯例非常重要。因为是否有意图会让你每天早晨在面对惯例时产生截然相反的心理：要么感觉很棒，要么充满恐惧和焦虑。

用我自己的晨间惯例作为例子吧！根据每天需要完成的任务，我会执行不同的晨间惯例，以下是一般情况下周日的晨间惯例：

5:30　起床。
5:35　刷牙，上厕所，整理好发型，穿好衣服。
5:45　喝8盎司（1盎司≈28.3克）的水。
5:50　开车去咖啡店。
6:00　点一杯美式咖啡（咖啡因能开启我的大脑）。

6:05　阅读喜欢的作家写的文章,用西班牙弗拉门科吉他乐(例如阿米克①、杰西·库克②的音乐)做背景音乐。

6:45　查看亚马逊销售报告。

6:50　安排好写作背景音乐——肖邦的《E小调前奏曲》,开始写作。

我这一天的晨间惯例有一个明确的意图——为写作做准备。这种意图不是必然出现的,而是由激情激发的。因为在周六晚上睡觉时,我一想到要写作就非常期待。等到第二天早上起床,我就会主动执行晨间惯例,充满激情地投入写作。

当你有目的地采取行动,就确立了对你至关重要的意图感,这种感觉能让你兴奋起来。关键是,意图感能激励你采取行动。例如,你不用在浪费宝贵的时间打盹儿、逛社交媒体和看电视之后,每天早晨都抓瞎似的忙活。相反,在设定好意图(最好是在前一天晚上)之后,意图感会提醒你第二天早晨需要执行的任务程序。

理想状态下,意图感会让你精神振奋,会让你迫不及待去实现自己的目标。例如,你可以创建一个旨在帮助自己减肥的晨间惯

---

① 阿米克(Amic),世界著名吉他演奏家,生于伊朗,其音乐融合拉丁、吉卜赛、爵士元素进而形成了个人独特的风格。
② 杰西·库克(Jesse Cook),集吉他乐手、创作人和制作人于一身的音乐人。

例。一想到能够拥有理想的体重，你就会激动不已，并相应地采取行动！

你可能会设计一个有助于放松和集中注意力的晨间惯例。在这种情况下，想到执行该程序能够让自己找回自我、放松身心，开启无压力生活，你一定会兴奋不已！

你可能想建立一个惯例，能够激励你开始推进自己一直想开展的副业。赚取额外收入的前景，甚至是可能将这个兼职事业发展成全职事业的愿景，都会激励你采取行动！

我的观点是，意图感是创建和坚持高质量晨间惯例的关键。最棒的是，你可以完全掌控自己。

你来决定要实现什么目标，然后创建一个完美匹配该目标的晨间惯例！

你现在知道以这种方式开启新的一天对你的积极影响了吧？你能得到更充分的休息、更充沛的精力和更集中的注意力，这些都会让你更有效率。

随着晨间惯例的进行,这个意图会在你的大脑中变得更加清晰。等到读完这本行动指南时,创建并且执行支持这一意图的惯例自然是水到渠成。

下一节将概述全书的内容。友情提示:本书包含很多材料和信息,为了便于快速查找相关知识点,内容提要将提供指引。

本书内容提要

《清晨高效能》的主要内容有四章。如果浏览目录,你会发现这四章涵盖了创建和遵循一个高质量的晨间惯例的方方面面。从第一章到第四章,每章的内容都以最简单直观的方式呈现给读者。

本书内容的呈现方式能确保读者轻松找到特定的内容,方便日后查看。定期阅读本书尤为必要。你将会在遇到困难时找到解决的灵感以及创建和坚持高质量惯例的策略细节。

接下来,就是本书各章的概述。

Chapter 1

如果你在早上醒来时感觉疲惫,就很难执行一个富有成效的晨间惯例。大多数人需要八小时高质量睡眠才能保证第二天身体的正常运作。如果睡眠时间少于八小时,你就很容易行动迟缓、头昏眼花,还会缺乏注意力和主动性。这样的结果是早上你很可能会按停闹铃继续睡,而不是起床执行晨间惯例,为自己充满能量的一天奠定基础。

第一章会告诉你如何每晚都安然入睡。这其实没有什么秘密,正如你所见,主要是一个预先计划的问题。

我们还将讨论早起的好处和必要性。

Chapter 2

这一章是真正的沙场练兵。我将详细讲解如何用十步计划来创建个性化的晨间惯例。你将习得如何开发出与自我意图相辅相成的晨间惯例,从而帮助你实现每日目标。每个步骤都有详尽的解释,不会有任何遗漏。

只有帮助你改善生活品质，晨间惯例才会真正具有价值。我将手把手地指导你创建自己"专属"的晨间惯例。

Chapter 3

挑战和失误是不可避免的，事实上，每当人们想要养成一个新的习惯时，遇到的任何不顺利都在意料之中。本章将讨论人们在开始实施晨间惯例时会遇到的常见挑战和失误。

你可能也会遭遇这一章所涉及的某些问题，但早已做好心理准备，凡事预则立，有备无患才最为可靠。这一章将教你如何战胜挑战，避免失误。如此一来，你就能充分利用并执行好专属自己的晨间惯例，为富有成效的一天做好准备。

Chapter 4

激励自己采取行动的绝佳方法之一就是观察别人如何从类似的行动中获益。了解他人的晨间惯例，并观察他们如何因此实现每日目标,会对你有所启发。

第四章详细介绍了十位超级高效的顶级成功人士的晨间惯例。毫无疑问,我提到的都是大家耳熟能详的名字,包括企业家、励志演说家、风险投资家,甚至还有一位颇受欢迎的漫画家。这一章将带你了解成功人士每天进行的晨间惯例,以及他们这样做的原因。

请迈出余生的第一步

我在创作本书时非常兴奋,希望你在阅读时也有同样的心情。书中提到的技巧和策略对我的生活产生了深远的影响,如果你实践这些策略,我相信它们也会对你的生活产生类似的积极影响。

在下面一节里,我将向你介绍如何最大限度地借鉴书中的建议。本书的价值取决于它对你的生活所产生的影响程度。为此,希望本书能切实改善你的生活。

如何利用本书提升自己

当人们谈到养成新习惯时，都会有这样的感慨：一个行动胜过一打纲领，说起来容易做起来难。你是不是也有类似的经历呢？制订了无数个计划，最终却一个也没能完成；读过许多介绍方法的书并打算好好利用，却唯独忽视了如何付诸实施。

其实你并非个例，我也经常为此感到内疚，可以说大多数人都是如此。毕竟，阅读一本书很容易，但根据它提供的建议付诸行动则需要付出更多的努力。即便大多数人确信这些建议能改善生活状态，但什么都不做以维持现状对他们来说太具吸引力了。

我希望你不仅能阅读《清晨高效能》，还能按照它提供的建议去执行。这是本书对你的生活产生长效价值的唯一方式。

本书是为了发生改变而创作的，它提供了一些技巧和策略，让你的早晨变成一个有助于实现每日目标的高效时段。以下就是建议你从本书中挖掘出最大价值的方法：

第一，确定你要改变当前晨间惯例的原因。我想肯定是因为你相信这样做能给你带来好处，使你的努力更有价值。请列出这些好处，尽可能具体。

第二，不要把本书当成一场讲座，请把它想象成我们之间的对话。虽然我们不是坐在咖啡桌旁面对面交谈，但这仍然是一种交流。你可能会同意我提出的某些观点，不同意其他观点。这完全没问题，重要的是你对本书内容的投入程度足以让你采取行动。

第三，记笔记。记录本书中让你产生共鸣的观点（或者用笔记软件在线记录）。经常翻看并回顾这些笔记，重点标记那些让你觉得特别有用和深受启发的段落。

第四，实践书中给出的建议。例如，第二章向你介绍了创建高质量晨间惯例来实现目标的十个步骤，你不要只阅读，还要去操作和运用。

第五，定期复习笔记，反复阅读精选的段落。为什么要这样做呢？因为人们经常会忘记读过的东西，每个人都是如此。通过回顾笔记和重新整理喜欢的内容，你就能把它们记得更牢。这是学习过程的一个重要部分。

第六，与朋友们分享本书内容，也是学习新知识的高效方法。古罗马哲学家塞内加说："当我们教学时，我们在学习。"这就是所谓的"教学相长"。

如果以上六条你都做到了，那么我相信本书会对你的生活产生明显的积极影响。而这一切都取决于你的态度，正如我在书中所提到的，你就是自己人生之船的船长，你自己决定目的地并选择到达它的路径。

如果你愿意接受本书的观点，那么我强烈建议你按照以上六条操作。

有了这些好方法，让我们卷起袖子来挖掘宝藏！我们将从观察睡眠是如何影响人们坚持高质量晨间惯例的能力开始讨论。

Chapter 1
如何为富有成效的早晨做好准备

夜间睡眠质量会影响你对晨间惯例的执行情况。如果你睡得好,就会更容易执行和坚持;如果睡得不好,你就会忍不住按停闹铃,再次躲进被窝。因此,计划好你的夜晚来支持高质量的睡眠至关重要。

这就是我们在第一章中介绍的内容。我们将讨论休息和睡眠的作用以及享受高质量睡眠的策略。我们还将讨论是否有必要早起,以及很多人早起的原因。

• 高质量睡眠的作用

在合适的时间睡觉非常重要,但还远远不够,因为你的睡眠质量才是决定性因素。问问自己,你在一个合适的时间上床睡觉,早晨醒来时却仍感疲倦的情况出现多少次了。这表明你的睡眠没有完整经历全部睡眠阶段。接下来我会详细介绍。

睡眠质量的好坏直接影响你第二天的感觉。它决定你是否有动力起床,影响你的创造力和工作效率,当然还会影响你的身体健康。[1]

如果你想养成一个新习惯，比如执行目的明确的晨间惯例，那么高质量的睡眠至关重要。正如前面所提到的，假如你前一夜没有休息好，就无法有效地执行制订好的早起计划，相反，你会伸手按停闹铃继续赖床。拖到最后一刻，你不得不从床上爬起来，无精打采、匆匆忙忙地赶往必须去的地方。

这也是我之前的生活状态。以前，我每天半夜才睡，早上四点就起床。因为起得早，又依赖咖啡提神，所以还是能完成很多工作任务的，但工作效率和质量总是不尽如人意。

我的睡眠严重不足，咖啡是唯一能够让我坚持工作的东西，但是用咖啡提神的大脑并不能代替得到了充分休息的大脑。结果就是，无法集中注意力的我一直在瞎转悠，肆意浪费着本该用来睡觉的时间。

现在的我不再如此，我仍然坚持早起，但会早早地入睡，以保证足够的睡眠时间。

睡眠阶段的工作原理和重要性

目前，研究人员对于"睡眠质量"一词还没有确切的定义，对于什么是真正高质量的睡眠也还存在着分歧。[2]但出于实用性的目的，我们可以根据已有的脑科学研究成果做出一些假设。

大脑在我们睡眠时会经历四个睡眠阶段。以下就是对这些阶段的概述：

阶段一：容易被打断的浅睡期。
阶段二：比较深的睡眠阶段。
阶段三：深睡期。在这一阶段，你根本不知道周围发生了什么。
阶段四：快速眼动睡眠的阶段。在该阶段，大脑活动处于最高点，梦境经常出现。
（说明：2008年之前，睡眠医学专家通常把睡眠分为五个阶段，现在已经把之前的阶段三和阶段四合并在一起。）

每个睡眠周期（从阶段一至阶段四）的持续时间为九十至

一百二十分钟。大脑每晚会经历多个睡眠周期，在快速眼动睡眠[①]和非快速眼动睡眠[②]之间循环往复。

为了得到充分的休息，大脑必须不间断地经历全部阶段，也就是一个完整的睡眠周期。在理想状态下，大脑需要持续地经历多个完整睡眠周期。科学家研究发现，在某种程度上，睡眠周期被中断可能比根本不睡觉更加糟糕。[3]

快速眼动睡眠尤其重要，因为在此睡眠状态下你的大脑正在进行高速的信息和记忆处理。这一阶段对你在清醒时的大脑表现有非常大的影响。要是睡眠在进入快速眼动阶段之前频繁被中断，第二天你可能就难以集中注意力。

我知道以上的描述太过专业了，你可能更关注实际可行的操作建议。但是在我看来，了解睡眠阶段如何工作，对于你能否坚持高质量的晨间惯例至关重要。长期高质量睡眠是一切成就的基础。一旦知道了睡眠阶段的工作模式，你就能采取相应措施确保大脑尽可能地享受最高质量、最缓解疲劳的睡眠。

在下一节里，我将给你提供一些提高睡眠质量的实用建议。

---

① rapid eye movement sleep REMS。
② non-rapid eye movement sleep NREMS。

·十个小贴士助你从此拥有高质量睡眠

如果你每晚都睡得很好,每天早上起床时都感觉已经得到了充分的休息,那么可以跳过本节内容。但如果你经常半夜醒来并感到疲倦、懒散或易怒,那么将受益于下面的建议。它们会帮助你提高睡眠质量,对你接下来的一整天都有积极的影响。

通过对本节内容的学习和操作,你会入睡得更快,不必在半夜再沮丧地盯着天花板失眠;你将享受到完整持续的睡眠周期,不必在半夜多次醒来辗转反侧；你将在第二天醒来时精神焕发，随时准备开启全新的一天，不必再依赖闹钟昏昏沉沉地从床上爬起来，好像刚被一列火车撞过一样。

如果按照以下十个小贴士操作，我相信，在第二天醒来时，你就会感觉得到了更充分的休息，拥有更加充沛的精力。

保证高质量睡眠的十个小贴士

#1 每天晚上在同一时间点睡觉

我们的身体有一个"生物钟"。它通常被称为"昼夜节律"，有时也叫"睡眠清醒周期"。这就是我们晚上会感觉疲惫想睡觉、白天又会醒来并保持清醒的原因。

如果你每晚在同一时间点睡觉，这个生物钟就能发挥最佳作用。如果你的睡眠模式不规律，比如说这一周你都在不同的时间点睡觉，那么这个生物钟就不能正常工作，后果就是你经常会失眠。

找到你每天感到疲劳的时间,确保每个晚上都在那个时间点上床睡觉。

#2 睡前六小时停止摄入咖啡因

咖啡因是一种兴奋剂,所以全球数百万人每天都需要喝咖啡。咖啡因对人体的兴奋作用大概会持续几个小时才能消失,认识到这一点很重要。

所以,请在睡觉前至少六个小时不再摄入咖啡因。比如说,如果你通常在晚上十点睡觉,那么下午四点就必须停止摄入咖啡因。

注意,咖啡并不是唯一的"肇事者",因为咖啡因也存在于巧克力和各种口味的蛋白棒,以及各种苏打汽水和茶饮料中,甚至还少量地存在于标榜不含咖啡因的咖啡中。

#3 创造一个有利于睡眠的环境

卧室的灯光是否太亮了?床头是否放了一个有着超大数字显示屏的闹钟?床垫不太舒适让你难以入睡?

卧室应该是你温暖的港湾,请在卧室里避免使用所有可能扰乱睡眠的东西。幸运的是，你可以自行决定卧室里的一切，最大限度地提高睡眠质量。

以下是一些实用的建议：

• 关灯。
• 把闹钟转过去，让它背对着你。
• 购买舒适的床垫和枕头。
• 如果卧室里有电视机，请把它移走。
• 如果干燥的空气让你感觉呼吸困难，那么你可以买一台加湿器。
• 可以使用白噪声来掩盖那些恼人的声音（水龙头的滴水声或者邻居的吵闹声等）。
• 如果你的宠物狗晚上睡得不安稳，那么你可以把它的床搬出卧室。

#4 睡前一小时关闭电子设备

如今，我们每天都在使用各种各样的电子产品，这类电子小玩意儿的确能改善我们的生活。例如，我们可以用短信和电子邮件与朋友和爱人保持联系，可以上网查找食谱为家人制订膳食计划，可以支付账单并管理投资，可以录制喜欢的电视节目以便在闲暇时观看。

现在已经很难想象没有电子产品的生活。

但是这些电子产品会严重影响我们的睡眠能力。如果睡觉前使用手机或平板电脑,那关灯的时候你绝对还处于完全清醒的状态。研究人员发现,这些电子产品发出的蓝光会严重破坏我们的昼夜节律。[1]

在睡觉前至少一小时内,请勿使用电子产品。

#5 每天锻炼

锻炼不仅能帮助你在晚上顺利入睡,还能让你享受更高质量的睡眠。锻炼强度越高,效果就越好。

这并不是说你需要每天都跑去健身房挥汗如雨,即使每天坚持快走十分钟都能创造奇迹。关键是在睡觉前几个小时进行,并长期坚持。

可能需要花上几个星期时间,你才会发现睡眠质量的变化。请放心,你的睡眠质量肯定会有所改善。

#6 不要睡懒觉（周末也不行）

还记得我之前提到的睡眠清醒周期或昼夜节律吗？为了确保它能有效工作，你最好每天早上在同一时间点醒来，否则你的生物钟会被扰乱，继而影响晚上的睡眠。

睡懒觉的确很诱人，尤其是在周末和假期里。虽然在那一刻，你可能会感觉棒极了，但这样会对你的睡眠质量产生持久的负面影响。

最好的做法就是每天早上在固定的时间醒来，要是你觉得累了，下午就小睡一会儿。虽然这样做不如睡懒觉那么舒服，但从长远看来，随着生物钟自我调节能力的增强，你会收获更大的回报。

说到午睡……

#7 限制午睡的时间

我喜欢午睡。没有什么比躺在沙发上，闭上眼睛打瞌睡更惬意的事情了。午睡后，你会精神焕发，头脑更灵敏，心情也更好。这也是避免你因能量水平骤降而下午没精神的好方法。

但是我们需要用正确的方式午睡。我发现最好的方法就是在午饭过后不久休息（下午三点之前），把时间控制在二十分钟内。如果午睡过晚，或者时间过长，就会影响我们晚上的睡眠情况。

#8 学习如何利用光线助力睡眠

褪黑激素会显著影响人体的睡眠清醒周期。它是一种由大脑分泌的激素，会让人感到困倦。分泌和释放到血液中的褪黑激素数量受光线的影响：人体周围的光线越多，大脑分泌的褪黑激素就越少。

这就是我们在明亮的阳光下能保持清醒，而到了晚上尤其是关灯后就昏昏欲睡的原因。

可以利用褪黑激素对人体的有利因素来调节睡眠。睡前要避免强光，如果阳光直接从窗外射入，那么请挂上窗帘或遮光帘。此外，如上所述，睡觉前避免使用手机、平板电脑和笔记本电脑，也不要看电视。这些电子设备发出的蓝光会抑制褪黑激素的分泌，让你无法安然入睡。

#9 睡前两小时避免摄入水分

睡觉前水分摄入得越多,你就越有可能因为要去上厕所而不得不半夜醒来,甚至醒来多次。

半夜如厕似乎无害,但是会打断人体的睡眠周期,妨碍我们享受不受干扰的深度睡眠。这当然也会影响你早晨醒来时的感觉。

所以,请在打算睡觉前至少两个小时喝完最后一口水。这样,你会有足够的时间在晚上睡觉前上完最后一次厕所。

#10 创建并遵循晚间惯例

遵循每天一致的晚间惯例就是确保我们享受夜间高质量睡眠的最佳方式。

很多人都无法按需入睡,对于这一点,你也不必着急,可以慢慢地改变。例如,我发现睡前读小说的活动有助于我为入睡做好准备,它能减轻压力,帮我放松,让我心情愉快。你也许会发现睡前洗个热水澡、听轻柔的音乐或练瑜伽之类的活动对你有类似的效果。

你可以多想出几个晚间活动来帮助自己在入睡前得到放松。

每天晚上在同一时间点以同样的顺序做这些事情,你会发现,此类活动的仪式感会帮助你在关灯之后的几分钟内从清醒状态转为入睡状态。

如果仍然睡不着怎么办

如果你已经按照以上十条建议操作,但仍然难以入睡,那就是该寻求专业建议的时候了,请咨询持有认证执照的睡眠障碍治疗专家。

慢性失眠是一个严重的问题。它会消耗你的能量,让你变得易怒,并损害你的专注能力;它还会影响你的记忆力,严重破坏你的理性决策能力。长期失眠甚至会导致抑郁。

如果你的失眠状态持续了几个星期以上,那么请寻求睡眠专家的指导。

·我的晚间惯例及助我安然入睡的方法

我将描述我的晚间惯例,解释其各组成部分背后的原因。这些估计会对你有所帮助。

我的程序很简单。你可以毫不费力地复制它。但是需要强调的是,你自己的晚间惯例应该符合个人喜好。例如,我没有选择练瑜伽,因为我个人觉得它对我没有什么好处。如果你喜欢瑜伽,并且认为它能帮助你放松,那么一定要考虑把它纳入你的晚间惯例。

下面就是我度过上床睡觉之前数小时的晚间惯例:

5:00 停止工作。我认为在合理的时间停止工作很重要,5:00下班给了我充足的时间用来放松。

5:15 检查当天的待办事项完成情况并计划好第二天的。

6:00 吃晚饭,饭后一般不吃零食。睡前几个小时停止进食,能让我睡得更安稳。

6:30 看网飞节目①、听TED演讲或者阅读小说,这些活动能让我感觉放松。

8:00 和妻子待在一起。

10:00 阅读小说。注意! 这个活动可以让我很放松。

10:30 洗热水澡、刷牙、上厕所,没有什么比洗热水澡更能让我犯困的。

11:00 喝杯水。这个做法的确与我在上一节给出的建议不太一致,但就我个人而言,我就像一头能储水的骆驼,是不太可能半夜醒来去上厕所的。

11:15 入睡。

请注意,以上的大部分活动是为放松身心而设计的。最重要的是,我会在每个夜晚重复同样的程序。这样做会对大脑产生影响,让它知道睡觉时间到了。当我在晚上十一点喝水的时候,我的身心

---

① 网飞为美国在线影片租赁提供商。

已经准备好入睡了，所以头一碰到枕头我就能睡着。

你不必遵循我的晚间惯例。事实上，你也可能不喜欢我的某些活动，比如阅读小说。你只需要以我的程序作为参考，设计适合你自己的晚间惯例。

如果你喜欢在晚上练习冥想，那就把它列入你的晚间惯例中。如果你喜欢练习瑜伽或听轻柔的音乐，那就在程序里添加这些活动。如果你喜欢玩电子游戏，也是可以的（但是要在睡觉前一个小时停止）。

重要的是，你要仔细设计晚间惯例，想出能让自己身心放松并做好入睡准备的活动。然后，每天晚上你都要重复执行，最好在同一时间点开始。

在下一节中，我们将探讨你是否有必要早起，从而利用清晨时光，其中的某些细节可能会令你吃惊。

有必要在清晨五点起床吗

你可能早就听说过早起的人比晚起的人更有效率,人们普遍认为早起是产生爆炸式生产力的关键。但是早起真的会让你更有效率吗?

这是个有趣的想法:你所要做的就是早上五点起床,然后会发现自己完成的工作量大幅增加。

但是科学研究表明，早起和高效仅仅是相互关联的关系，而不是因果关系。虽然大部分的早起者通常很有效率，但这并不仅仅是因为他们醒得很早，还有其他原因。

几年前，瑞士和比利时的研究人员追踪了十六名早起者和十五名晚起者的大脑活动。这些参与者每晚的睡眠时间相同（七小时），但前者比后者早四小时起床。研究人员发现两组参与者在执行一系列任务时的表现差别不大。[1]

有了这些发现，为什么还有那么多研究工作效率问题的专家都建议我们早起呢？其实，我已经找到原因了——早起者倾向于带着意图采取行动，这是我们在"意图的重要作用"中探讨过的。可是专家在建议人们早起时，很少提及这一点。

当人们决定早起时，往往带有明确意图。这个意图驱使人们采取行动，这才是人们在早起的情况下效率更高的原因所在。

我举自己生活中的一个例子来说明。正如我之前所提到的，几年前，我常常在凌晨四点醒来，目的就是创建网站和写作，这就是我的意图。每天晚上当我上床睡觉时，这两个意图都在我的脑海中清晰地浮现着。

因为我有了目标,所以很清楚自己每天早起后应该做什么。此外,我非常了解自己正在从事的这两项活动的目标——建立一个属于自己的事业。我早上醒来时就兴奋不已,想立刻投入行动,其结果便是工作效率飙升——我能够在一天开始的三个小时内完成大量工作。

工作效率飙升的情况发生在我停止晚睡之后。我开始早睡,以获得充足的睡眠,确保第二天状态良好。但问题的关键是,我的工作效率飙升不是因为早起,而是因为我有非常明确的意图或者说目的。

那么,你有必要在早上五点开始执行晨间惯例吗?其实完全没有必要。在我看来,更重要的是你应带着意图起床,并坚持执行早已计划好了的晨间惯例。我认为这才是真正拥有富有成效和有意义的一天的关键所在。

话虽如此,我还是强烈主张早起(现在我早上五点半起床)。可以毫不夸张地说,早起彻底改变了我的生活。在下一节,我将向你解释其中的主要原因。

· 早起的十个理由

　　一直以来，我总是把早起等同于高效。当然，正如前一节所述，仅仅是破晓时分起床并不能保证一定会有高效率。在早晨保持高效的关键就是你得带着特定的目标起床。

　　正如之前所说，早起的确能带来许多好处，你能在别人睡觉时完成超额的工作量。请把闹钟时间提前一小时，不要赖床。以下就是早起的好处。

早起的好处

#1 享受到平静和安宁

早起的一大乐趣就是这样做的人并不多,意味着令你分神的噪声减少了。无论你是在同事之前到达工作场所,还是在家人醒来之前放松身心,你都会享受到平静和安宁。

马路上没有川流不息的汽车,街上也没有熙熙攘攘的行人,也几乎没有电话、电子邮件或者短信来打搅你。

#2 具有更强的创造力

并不是说早早地从床上爬起来就会让你更具创造力,不会的。但是许多人发现他们上午的确比下午或晚上具有更强的创造力。

这可能是因为前一夜得到了充分的休息,这时候的头脑非常清醒。也可能是因为清晨的平静和安宁。

值得一提的是,一些研究表明夜猫子实际上比早起者拥有更多的创造性突破。可问题是熬夜并不利于正常的工作日程。很多人发现，晚上睡个好觉，然后第二天早起工作会更有效率。

#3 更具主动性

2009年，哈佛大学生物学家克里斯托弗·兰德勒对367名大学生进行调查后有一个有趣的发现：早起的学生表现得更加积极主动。兰德勒认为这种特质会让人有更高的收入和更好的工作表现。[1]

早起能提高一个人的主动性吗？兰德勒并未给出这个结论。但他的研究表明，早起的人普遍更加认真负责，而责任心才是早起者比一般人更积极主动的真正原因。

#4 压力水平降低

早起者压力水平的降低源于两个因素。首先，他们在早晨拥有更多的时间，这段额外的时间能让他们在不着急的情况下解决需要完成的事务。

其次，他们被思维混乱困扰的次数较少。当他们处理待办事项或与人打交道时，这种混乱会不断累积。而在清晨时分，这种困扰几乎不存在。

正如我们稍后将要讨论的，你也会发现执行晨间惯例有助于管理压力水平。

#5 更有控制力

请回忆刚刚过去的让你在早晨感到烦恼的事件：让孩子准备好按时去上学；为了赶早上八点的公司会议而放弃吃早餐；为了赶上和医生大清早的预约而没有时间沐浴。

以上任何情况，可能都会让你觉得自己对早晨缺乏控制力。

而当你早起时，这些烦恼就会消失。你会有更多的时间可以支配，有更多的自由去为这一天接下来的重要事务做好准备。

#6 拥有更多锻炼身体的时间

你是否曾经计划过在下午晚些时候或者下班回家后锻炼身体，结果却躺在沙发上看电视？这是很常见的场景，它源于我们薄弱的意志力，而意志力薄弱又源于决策疲劳。

决策疲劳大概是这样产生的：

一天之中，你需要做上百个决定，每一个决定都会削弱你的意志力。而当你下班回到家时，躺着看电视的想法显然会比去健身房运动的念头更具吸引力，你会屈服于它的诱惑，并向自己保证明天再去健身房。

其实你可以很容易地通过早起锻炼来避免这种决策模式。只要早起，你便拥有足够的时间锻炼身体，所以不太可能取消此项活动。此外，你也不必依赖已经被减弱的意志力来获取行动力。

#7 减少拖延

我们每个人都有拖延倾向。这是人类的天性，尤其是面对没有吸引力的活动时。

这种倾向源于我们面对相互冲突的选择时做出决定的方式。根据《战胜拖延症》一书的作者蒂莫西·皮切尔的说法，每个决定都是前额皮质和边缘系统之间的一场战斗。前额皮质负责做出（希望是好的）决定。同时，边缘系统又试图追求最令人满足的活动。最终，当我们的意志力处于最低点时，就更有可能屈服于边缘系统去追求当下的满足感了。

那早起是如何解决这个问题的呢？当你早起时，几乎还没有活动能吸引你的注意力，你无须做太多的选择，因此会更倾向于解决手头需要完成的任务。

#8 享受从容自在

早起的人在清晨能有充足的时间准备好一切。他们在晨练中得到放松，并且能从容地准时到达目的地（如办公室、学校、提前预约的牙科诊所等）。

相比之下，晚起的人在早晨往往会感到时间紧迫，总是火急火燎地洗澡和穿衣服，经常不吃早餐才能准点到达上班地点。

说到早餐……

#9 有充足的时间吃（真正的）早餐

果酱饼干并不是真正的早餐，蛋白棒、冷冻华夫饼和松饼也不是。甚至许多所谓的早餐麦片，表面上看起来很有营养，其实不过是精加工的高糖食品。

人们早餐吃这些"食品"是因为它们既快捷又方便。我以前也是这样，醒来晚了，没有时间做真正营养均衡的早餐，便急匆匆地吞下这类垃圾食品，就着咖啡咽下，然后赶着出门。

而当你早起的时候，就可以从容地吃健康营养的食物。例如，吃点炒鸡蛋（假如你不对鸡蛋过敏的话），喝点燕麦粥，吃点水果。这样你会感觉更好，精力更充沛。这样还可以避免在上午十点因为摄入的高糖早餐能量不足导致血糖骤降而犯困。

#10 完成更多的工作任务

清晨五点，四周很安静。其他人都还在梦乡，你能拥有专注于工作所需的宁静时刻（当然是在完成晨间惯例之后）。

你的工作内容可能是写博客、记日记或者构思小说，也可能是你正在为上班时要汇报的一个重要PPT做最后的润色。无论你要完成何种任务，清晨的宁静对你来说绝对是一种福利。

好处还有很多

当然,早起的好处不胜枚举。例如,我发现早起让我更有纪律性,还改善了我的人生态度和性格。

话虽如此,如果你能像我一样早起的话,那么以上描述的十大好处一定会对你的一天产生巨大的积极影响。

·如何让自己在醒来时感觉精力充沛

早起本身并不能保证我们拥有富有成效的一天,甚至连一个上午都保证不了。在早晨醒来时精力充沛才是你真正需要的。其差别就在于,你是在睡眼蒙眬时被可恶的闹铃吵醒而被迫起床,还是在得到充分休息后神清气爽地主动起床。

拥有高质量的夜间睡眠能让你在起床的时刻拥有神奇的力量,其实你还可以做很多事情来让自己愉快地醒来。

以下是我在生活中发现的一些实用小技巧：

把闹铃设置成喜欢的音乐

很多闹铃响起时都会发出刺耳尖锐的声音。这是一种设计，但想想看，如果在早晨醒来听到的第一声就让人烦躁地想摔东西，那么你怎么会有积极的心态呢，又怎么可能兴奋而又充满活力地起床呢？

不要让自己在讨厌的闹铃声中醒来。让手机播放你喜欢的歌曲，或者将闹铃声设置成柔和悦耳的铃声。

我手机上的闹铃是一段未来主义的柔和旋律，在我起床关掉闹钟之前，音调会一直升高，十分激励人心。我认为这个铃声能帮助我以正确的方式开启新的一天。

清空你的大脑

如果你度过了忙碌又有压力的一天，那么即使想把工作放在一边，大脑里也会充满各种想法和担忧。不必担心，这其实很正常。问题是，如果你在这种状态下睡觉，就会难以入睡。更糟糕的是，当你好不容易睡着了，这类失控的想法和担忧会萦绕在脑海中，让睡眠过程断断续续。

请在睡前十分钟清空你的大脑，我建议练习正念冥想，因为它对我非常有效。这个练习其实相当容易：找个舒适的方式坐下来，闭上眼睛，专注于自己的呼吸。你会发现这样做不仅有镇定的效果，还能清除头脑中疯狂滋生的各种念头。

在太热和太冷之间找到平衡

在寒冷的夜晚，人们喜欢盖上厚厚的毯子睡觉；在炎热的夜晚，人们会打开窗户，放几台风扇对着床吹，或者开着空调睡觉。

这当然是为了在睡觉时保持身心舒适，但是一不小心就会让身体感觉太热或太冷，对你的睡眠质量产生负面影响。[1]

请特别关注卧室夜间的温度，即使特别热或特别冷，也不要采取过激的措施。不要盖特别厚重的毯子，请使用轻薄一些的。睡觉的时候，不要一直开着空调，你可以用那种带摇头功能的风扇，记得不要让它直接对着床吹。

这样做的目的就是让身体在睡觉时保持稳定的体温，如果你做到了这一点，那么早上醒来时，一定会感到更有活力。

醒来时面对光亮

早起其实挺困难的，尤其是在你刚开始尝试的时候，想要在黑暗中起床则更加困难。而如果四周有充足的光线，从床上爬起来就能容易些。

理想情况是，你在自然的阳光中醒来——我发现自然光对身体有激活作用。

话虽如此，要是窗户朝向或是起床时间不合适的话，就会妨碍自然光的照射。例如，如果你卧室的窗户朝西，清晨的阳光就跟你没关系了。如果你在日出前起床的话，也是如此。

幸运的是，我们还有解决办法。例如，买一个定时控制器，在预先选定的时间打开卧室里的灯，或者买一个灯光唤醒闹钟。关键点是，在有光亮的情况下醒来能让身体感觉更有活力。

立刻从床上爬起来

在你伸手按停闹钟（或手机）之后，躺在床上的每一秒钟都增加了再次入睡的可能性。这很正常，因为天还没有亮，外面黑乎乎的，时间还很早。大脑尚在试图理清混沌，再次入睡是阻力最小的自然反应。

要是你在醒来的那一刻直接从床上爬起来，这种自然反应就会短路。

如果你习惯按停闹钟继续睡觉，那可就麻烦了。可以试试把闹钟或手机放在离床较远的地方，这样你就不得不从床上爬起来去关掉它了。

保证充足的睡眠

保证充足的睡眠很好理解，但还是需要强调。

想要在早晨精力充沛，最好的方法就是晚上睡个好觉。这就需要你每天都在合理的时间点睡觉，也需要你坚持执行让大脑可以预测的晚间惯例，慢慢地，大脑就知道什么时候该睡觉了。

记住，只睡一夜好觉远远不够，如果你多个夜晚睡眠不足，就会欠下"睡眠债"[2]，从而导致精神和身体的疲劳。更糟的是，债务越多，"还债"所需的时间就越长。

一旦身体的"睡眠债"还清了，你就会发现在醒来时一身轻松，活力满满。

回顾你的目标

不断回顾目标的做法其实并没有科学依据，但是这样做对我很有用，我认为对你也会有用的。

在"意图的重要作用"一节中，我们讨论了在创建和遵循晨间惯例时，重中之重是拥有明确的目标。我发现在醒来时立即回顾自己的目标会充满能量，开始新的一天能让我充满期待。我非常清楚自己为什么要早早地起床。在待办事项列表的帮助下，我也知道自己需要处理哪些事务来完成今天的目标。

试试吧！当你醒来的时候，回顾一下自己的意图或目标。当你完成晨间惯例时，想一想当天希望完成的任务。如果目标能让你兴奋，那你一定会充满活力。

再说一遍，醒来时回顾目标对我非常有效果，我相信你也会有同样的感受。

接下来……

第一章的内容为你制订高质量的晨间惯例打下了基础。在第二章中，我们将一步一步地介绍如何创建适合你的晨间惯例。

你须要做到

提高睡眠质量,为富有成效的早晨做好准备!

Chapter 2

创建完美的晨间惯例的十个步骤

没有万能的晨间惯例,正如前面提到的,关键是想出一系列活动来支持你的意图并养成习惯。

如果你的目标是减肥,那么晨跑和吃高蛋白早餐可能是最理想的活动;如果你的目的是在开启繁杂而忙乱的工作之前找到内心的自我,呼吸练习和正念冥想练习就会对你有所帮助。

在这一章,我将帮助你创造一个完美的晨间惯例,带你一步一步设计其中的细节,从而使你的身心受益。

接下来的十个步骤需要你进行自我分析和反思,但是努力是值得的。为了获得高质量的晨间惯例带来的回报,这十个步骤不可或缺。

· **Step 1 确定你的"目标"**

如果你在生活中有一个强烈的目标,就不需要被逼迫着去做事,心中的热情自然会把你带到那里。
——罗伊·班尼特,《心中之光》的作者

一个坚定的目标会使你的努力变得有意义,因此明确目标至关重要。它将决定你是每天坚持晨间惯例,还是按掉闹铃继续睡。如果对你来说养成新习惯的理由非常重要,你就更容易养成新习惯。

例如，假设你想要在早上感觉更放松，因为工作环境充满压力，你非常渴望带着平静的心情去上班。你已经明确了自己的目标，也大概知道自己为什么要追求这个目标，但它还不是非常清晰具体。如果不清楚原因，你就不会有强烈的愿望去执行。

问问自己

为什么你非常渴望带着平静的心情去上班？以下是几点原因：

当你心情平静的时候……

- 你的效率更高。
- 你的产出更多。
- 你可以做出更好的决策。
- 你在下班回家的时候心情会更好。
- 你会享受工作而不是畏惧它。

如果上面列举的某个原因能引起你的共鸣，那它就是你的"目标"。认识到原因所在会激发你采取行动的决心，促使你早起并执行你所选择的晨间惯例，而不是麻木地去按掉闹铃。

列出每日目标

请你拿出笔和纸,静下心来,开动脑筋,想出一些对你来说很重要的每日目标。比如说:

- 我想更放松。
- 我想更有效率。
- 我想更健康。
- 我想让我的气色看起来更好。
- 我想按时上班。
- 我想让孩子们从容地为上学做好准备。
- 我想保持愉快的心情。
- 我想保持工作区域干净整洁。
- 我想拥有更多和朋友在一起的时间。
- 我想避免家庭矛盾。

当然,上面列举的都是十分表面的目标,重要的是,你必须确定你自己每天想要实现的目标,它们才是促使你每天早上醒来并执行晨间惯例的原因。

Step 2 列出潜在的障碍

如果你已经习惯了每天早上闹钟一响就摁掉,然后继续赖床,到最后一刻不得不急匆匆地起床跑出门,那么,对你来说养成早起的习惯并不容易。你会遭遇来自身体内部的巨大阻力,你的身体和意识会合谋让你躺在温暖舒适的床上。当你终于把自己从床上拽起来,它们又会鼓励你翻阅手机短信、浏览新闻或玩电子游戏。

换句话说,当你试图让自己的早晨按部就班时,将会面临潜在的绊脚石。

明确产生特定障碍的因素

任何原因都可以让我们赖在床上睡懒觉,浪费早晨时光。找出这些原因非常重要,这样你就能采取措施避免赖床。

例如,许多人不能坚持晨间惯例是因为当闹铃响起时,他们感到疲惫不堪。这种疲惫感在身体内部产生了巨大的阻力,让人感觉躺在床上继续睡觉比起床执行晨间惯例更有吸引力。

在这种情况下,意志力并不能解决根本问题。你可能会强迫自己起床一两次,但这并不是一个理想的长期解决方案。此外,当你感到疲惫时,把自己从床上拖起来其实没有任何好处。

相反,为了克服这种特殊的障碍,得先找出它的潜在原因:睡眠时间充足吗?每天晚上是否都在同一时间睡觉?睡前所做的事情是否会扰乱睡眠,妨碍自己享受睡眠周期完整的四个阶段?比如说睡前喝了很多水,导致半夜需要上洗手间。

一旦你明确了产生特定障碍的因素,就可以通过调整睡前惯例来解决。在上述例子中,可能涉及如下调整:

> 提前一个小时睡觉
> 每天晚上十点睡觉
> 睡前一小时不要喝过多的水

请用这个方法来解决任何阻碍你起床和完成晨间惯例的问题，找出绊脚石，找出原因。

例如，如果你习惯性地按掉闹铃继续睡觉，那么估计是闹钟离床太近让你无法抗拒贪睡诱惑的缘故。

如果你缺乏动力开启新的一天，那么可能是因为你忽略了自己的意图。

如果你晚上睡眠不好，那么可能与睡前使用手机、平板电脑和其他电子设备有关。

一旦你找到了早晨起床困难的原因，解决它就会变得相对简单。

明确体验到的消极情绪

请列出你在早晨体验到的消极情绪，包括精神和身体上的。这里有几个例子：

- 当你醒来时，觉得疲惫吗？
- 你感觉没有动力吗？
- 你害怕起床开启新的一天吗？
- 你感觉压力大吗？
- 你的身体出现疼痛感了吗？

这些感受会破坏你的早晨，但你不必成为它们的受害者。一旦明确了这些绊脚石，你就可以弄清楚它们产生的原因。接下来你就可以采取行动来降低它们的消极影响，并进一步克服它们。

Step 3　确定晨间惯例所需的时间

对我们大部分人而言，早晨的时光都是有限的，因为我们总要赶去某个地方或必须完成某项任务。例如，我们可能必须在早上八点一刻送孩子上学，或者必须在早上八点半之前赶到办公室。

很多人认为自己完全清楚早上需要花多少时间。但问题在于，他们的设想往往很模糊，甚至是错的。这种模糊的设想很容易对我们为高质量的晨间惯例所付出的努力造成破坏。

计算早上每项活动所需的时间

我们来倒推一下。先确定这一天的首要任务,想想你从醒来一直到完成任务的那一刻所有需要处理的事务。接下来,再思考每项活动需要多长时间。

假设我们需要在早上八点半到达办公室。下面列举了早晨可能需要进行的每项活动所需的时间:

5分钟	从公司停车场步行到办公室
40分钟	从家到工作地点
5分钟	和配偶以及孩子告别
20分钟	准备和吃早餐
10分钟	穿好衣服
30分钟	淋浴并整理头发
5分钟	化妆(女士适用)
10分钟	起床,洗脸,刷牙,上洗手间

上述整个过程需要两小时五分钟,这是你完成这些活动所需要的最短时间。如果你打算早上八点半到达办公室,就需要把起床闹钟时间设为早上六点二十五或更早。

如果你想要更保险一点，就可以把时间提前十五分钟，以免因在上班途中遭遇交通事故或者突发状况而耽搁。这样的话，你就需要在早上六点十分起床。

这是非常有用的信息。

假设你的新晨间惯例，也就是在上述整个过程之前所执行的活动需要四十五分钟，那么你要在早晨五点二十五分起床。这样你就能在早晨八点半之前赶到办公室。如果你所设计的新的晨间惯例只需要十五分钟，那么起床时间就定在早晨五点五十五。

在接下来的步骤中，我将协助你确定每天早晨执行全套活动所需的时间，该步骤将确保你有足够的时间来完成所有的任务。

明确首要任务所需时间

第一，请列举出你从起床到完成这一天的首要任务这段时间需要执行的所有事项。

第二，预估每项事务所需时间，有些需要计算得保守一点，比如早上的通勤时间。

第三，确定你在能够完成全部事项的情况下最晚的起床时间，但略过一些必要的事项，比如洗澡或吃早餐，是不可取的。

现在我们有了一个基准线，当我们按照后续步骤创建晨间惯例时，起床时间区间都是明确的。

- **Step 4　选择与你的意图一致的晨间惯例活动**

我们在"意图的重要作用"一节中讨论了意图对创建和执行晨间惯例的作用。第一步：确定你的"目标"，请花时间去思考对你来说有意义的每日目标。第二步：选择具体要进行的活动来支持你的意图。

确定"目标"

其实很简单,你凭直觉就知道哪些活动可能会对你有帮助。关键在于要创建晨间惯例并将这些活动组织起来,该步骤的意义就在于此。

例如,假设你想要更有活力,以下活动可以帮助你实现目标:

> 晨跑
> 吃高蛋白早餐
> 喝一杯冰水
> 练习瑜伽
> 洗个冷水澡

假设你希望自己更开朗,可以选择每天早上执行以下活动:

> 读一本励志类的书
> 听一段振奋人心的播客
> 给爱人写一封简短的情书
> 罗列出让你心存感激的事情
> 告诉家人你有多么感激他们

假设你想要更放松，且能够控制好自己一天的情绪，以下活动可以帮助你：

> 起床后整理床铺
> 练习正念冥想
> 进行呼吸练习
> 写日记
> 设想你这一天进展顺利

假设你想提高日常工作效率，可以考虑将这些习惯添加到晨间惯例中：

> 查看当天的待办事项列表
> 与合作伙伴一起签到
> 写下你今天必须完成的一件事
> 做一些保护心血管的运动
> 比其他人早一个小时到办公室

以上只是一些例子，晨间惯例会因你的状态和意图而异。重要的是，你选择进行的活动能够支持你想要实现的目标。

创建活动列表

在第一步中，你确定了"目标"，也就是你想要实施晨间惯例的原因。现在，请你创建一个可以实现该目标的活动列表。

例如，如果你想让自己早上不那么匆忙，那就提前三十分钟起床，给自己更多的时间来准备；如果你想更健康，那就吃一顿能使你血糖水平稳定的早餐；如果你想集中注意力，那就把脑子里的所有想法都记下来以进行梳理。

接下来，你要列出一些会破坏晨间惯例的习惯。这些习惯是你不希望在早上出现的行为。例如，如果你不想那么匆忙，那就避免浏览新闻网页或者访问社交媒体；如果你想更健康，那就不要吃高糖食物；如果你想更好地集中注意力，那就不要每隔几分钟便查看手机上的新信息。

了解哪些习惯应该戒除，哪些好习惯应该加入晨间惯例中，二者同样重要。

· **Step 5 选择可以充分提升能量的活动**

不管你的目标是什么,早晨做一些能够有效提升能量的活动都是有好处的。例如,设计晨间惯例就是为了提高工作效率,这是我早起的主要目的,也是我设计那些活动的目的。

如果我想要一整天都保持高效率的工作状态,高能量至关重要,所以我的部分活动就是为此而设置的。

注重高能量

举个例子，以下就是我个人用来提高效率和保持高效率创作所设计的晨间惯例：

5:25　起床。
5:30　洗冷水脸，刷牙，整理发型，上厕所。
5:40　喝八盎司（约为236毫升）冷水。
5:45　做伸展运动。
5:50　做祷告和练习冥想。
5:55　计划当天需要完成的写作量。
6:00　去星巴克。
6:10　一边喝美式咖啡，一边读最喜欢的非虚构作家写的东西。
6:40　一边听莫扎特的《土耳其进行曲》或肖邦的《E小调前奏曲》，一边写作。
9:00　回家锻炼（俯卧撑）。
9:15　准备和吃早餐（一份美味的牛排）。
9:45　继续写作。

请注意，上述伸展运动或喝冷水之类的活动，并不会直接对我的写作产量产生影响，但的确能提升我的能量。这反过来提高了我的写作效率。

请你也想一些能让你更有活力的活动。有些人起床后去外面散会儿步，有些人喜欢听振奋人心的音乐，还有一些人推崇洗冷水澡。

这完全取决于个人的选择，适合别人的活动不一定适合你。例如，我不喜欢洗冷水澡，但对我的一个朋友来说，洗冷水澡就非常管用。

请注意，虽然"拥有更多的能量"不是你的主要目的，但是能够让你感到精力充沛的活动应该被纳入晨间惯例中。它们可以为你提供身体所需的燃料，从而帮助你达到预期结果。

创建活动清单

请写下能让你感到精力充沛的活动清单，尽量详尽些。不用担心，你不必把这些活动全都纳入晨间惯例中。但是，手边有一份完整详尽的清单列表总是方便的，因为你可以随时从中选择想要纳入的活动。

清单列表记得排双列。第一列写活动，第二列写你对该活动的感受。比如：往脸上泼冷水——让我清醒。伸展运动——使我的关节放松，身体感觉更好。喝咖啡——让我觉得更有创造力。

接下来，找出让你精神不振的活动，把它们列在清单上，注意标记它们带给你的感觉。

对我来说，逛论坛让我昏昏欲睡，看新闻标题使我感到沮丧，吃含糖食物会扰乱我的血糖水平，从而削弱我的动力。我会尽量避免在早上做这些事情，因为它们会对我一整天的工作效率都产生负面影响。

一旦你拥有了一个能让你提升能量的活动清单和一个会使你精神不振的活动清单，就已经准备好创建一个高质量的晨间惯例了，请继续第六步！

· **Step 6 从简单的计划开始**

我为自己设计的第一个晨间惯例就彻底失败了。我本来想对早晨的生活方式做出彻底的改变,所以就采取了毫不妥协的态度,甚至不愿意考虑失败的可能性。

结果呢?正如你所料,我彻底失败了。

几天后,我又耍起了老套路:闹钟响了很久,我还赖在床上;早餐依然吃不健康的食物；浪费大量的时间上网浏览博客、论坛和新闻网站。

一次性改变坏习惯很难

为什么会这样？为什么在一开始执行晨间惯例的时候，我就缴械投降了呢？

答案其实很简单——想要一次改变太多习惯导致了失败。具体有两个原因：第一，旧习惯很难改掉。第二，新习惯需要很长时间才能真正养成。从一开始就想要改掉所有的坏习惯，同时还要养成一长串的新习惯，不失败就怪了。

可那时的我并没有意识到这一点，认为失败就是意志力的问题，所以，我就像一头倔强的骡子，一次又一次地用决绝的方式努力着。

结果呢？当然是一次又一次的失败。

最后，我才意识到问题的症结，并采取了相应的行动。我通过一次改变一个习惯的方式来调整晨间惯例：在第一周，我集中精力早起；随后的一周，我专注于每天早上喝八盎司的冷水；接下来，我把精力集中在起床后立即做五分钟的伸展运动上。

我用同样的方法改掉了坏习惯，不再刻意追求在同一时间铲除所有的坏习惯，而是专注于一次针对一个坏习惯。

我在培养好习惯时也采用了这种方式，尤其是在两者具有相关性的时候。例如，在训练自己早起的同时，我也改掉了按掉闹铃继续贪睡的坏习惯；在养成阅读我最喜欢的非虚构作家作品的习惯的同时，我也改掉了浏览无用的博客、论坛和新闻网站的坏习惯。

我发现"换掉"坏习惯比简单地"改掉"容易得多。

我建议你在实践新的晨间惯例时采用相同的方法，并选择从最简单的计划开始，然后逐渐增加项目。虽然你要花更多的时间付诸行动，但这样更容易坚持下去。

用好习惯代替坏习惯

在步骤四中,我们创建了一个能够支持个人意图的活动清单,以及一个与之相反的破坏目标的活动清单。请回顾这两个清单,寻找机会用好习惯代替坏习惯。

例如,假设你的目标是减肥。你的支持活动清单里可能包括"吃一顿营养早餐",而破坏活动清单可能包括"不吃早点",前者可以取代后者。抓住这种机会用好习惯代替坏习惯。

接下来,请创建一个包括五个简单活动的简化版晨间惯例。比如说,你想减肥,可以选择称体重、喝一杯冷水、服用维生素等活动。重要的是,这五个"启动"活动必须很容易执行,这样可以帮助你克服思想上的阻力。

第一周只关注这五项活动,因为它们很容易执行,而且可以在几分钟内完成,所以把它们放在一起操作即可。这为我们之后逐步提高难度打下基础。

Step 7 简化晨间惯例

培养新习惯总是会激发内部的阻力,原因是大脑总是重复我们过去做过的事。它喜欢一成不变。

一方面,这非常好,一旦你日复一日地完成晨间惯例,持续数月,大脑就会提醒你每天早晨都遵照执行,每天的惯例活动将会变得自然而然。

另一方面，大脑又使你很难改变目前的习惯，因为它已经习惯了你当前的习惯。比如说，你习惯了起床就看电视，当想用慢跑、瑜伽或冥想代替这个习惯时，就会感觉到阻力。

简化活动，减少改变的阻力

关键点就在于我们需要想办法尽可能减少阻力。

正如我们在步骤六中所讨论的，每次培养（替换）一个主要习惯就会有所帮助。我们还可以更进一步，通过简化早晨的活动来更有效地减少阻力，并在前一天晚上就做好准备。

例如，假设你想用慢跑代替看电视的习惯。对于大脑来说，这是一个重大的变化，你绝对会面临内部阻力。怎样才能把这种阻力降到最低，让晨跑变得尽可能容易些呢？以下是你可以在前一天晚上做的一些准备：

- 把跑鞋放在床边。
- 往杯子里倒满冷水，放在床头柜上（如果你想振作起来，水很重要）。

- 设计好跑步的路线。
- 穿着慢跑服睡觉。
- 早点上床睡觉，保证充足的睡眠。

执行这些活动可以消除前进道路上的小障碍。例如，如果你不用在早上找跑鞋，晨跑的阻力就会小些。同样，穿着慢跑服睡觉也能让你少执行一个准备项目，否则你可能会因此而分心，大脑就会产生阻挠你参加晨跑的念头。

通过简化活动来减少大脑所面临的阻力，新的惯例越简单，你就越容易成功地坚持下来。

阻力简化程序

请回顾一下你在步骤四中创建的项目清单，请思考每一个项目，并想出简化它的方法。

例如，假设你打算吃一顿由鸡蛋和培根做成的营养早餐，前一天晚上可以做如下准备：

- 把煎锅放在炉子上。
- 把盘子和餐具摆好。
- 放一杯水在餐桌上。
- 从纸箱里取出三个鸡蛋。
- 取出三片培根，用保鲜袋装好。

当你早晨走进厨房时，前期准备已经完成了。因此，你吃上这一顿营养早餐面临的内外阻力都会更小。

清单上每新增一个活动就要进行类似的阻力简化程序，尽可能想出更多节省时间和精力的方法。任何努力都是值得的，因为即使很小的努力也会产生显著的累积效应。

Step 8 熟悉"习惯链"

养成新习惯的关键就是要有一个可靠的触发器,它是提示你采取特定行动的事件,会激发你以特定方式自发行动。如果触发器已经植根于你的体内,当特定事件被触发时你就会不假思索地采取相应的行动,这一行动会自动对触发事件做出响应。

例如,我习惯于起床后就用冷水洗脸。早晨从床上爬起来的行为就像一个触发器,我根本不需要思考就会进行用冷水洗脸的行为。我这么做的原理和巴甫洛夫的狗听到晚餐铃声就流口水是一样的。

习惯链工作原理

触发器对形成习惯链至关重要。习惯链就是按照预先设定的顺序发生的一系列活动，序列中的每个活动都充当后续活动的触发器。

请看如下这一系列在早晨进行的活动：

醒来
关掉闹钟
起床
刷牙
上厕所
洗澡
吹干头发
化妆
穿好衣服

这一系列活动就是一个习惯链,每个活动在每天早晨以相同的顺序进行,每个活动都会触发后面一个活动。

习惯链非常有用,它能帮助我们顺畅地完成一整套晨间惯例,使我们不需要再针对其中的单项活动发力。一旦我们执行习惯链中的第一项,就会自行往前完成一整套惯例。

请务必好好理解习惯链的工作原理。请记住,习惯链不是由一系列随机活动组成的,而是由一系列的触发器组成的。

养成新习惯

请查阅你之前在步骤四中创建的活动清单,尝试调整它们的顺序。

有些活动会顺理成章地紧随另一项活动之后。例如,如果你想在早晨开始慢跑,那么就会在跑步后洗澡;如果写日记是你日常生活的一部分,那么你就会发现喝一杯咖啡后再开始写日记是很有帮助的。

请把你想要执行的活动安排到切实可行的习惯链中,从已经养成习惯的活动着手,以此为基础开始。你的大脑已经习惯了执行这些活动,将新活动与根深蒂固的习惯联系起来,如此一来,大脑就可以轻松地将新活动纳入习惯链中。

例如,你每天早上都刷牙,这是你日常生活中已经养成的行为习惯。如果你想养成写日记的习惯,那就在刷牙之后马上开始写,利用根深蒂固的习惯(刷牙)来加速养成新习惯(写日记)的进程。

不要奢望一次性把多个活动串联在一起,然后期待它们立刻产生效果。这些活动叠加在一起执行会产生太多的阻力,而应当把新的习惯和旧的习惯组合起来,形成一个迷你习惯链。然后,将这些迷你习惯链组合在一起,组成一个更大的习惯链。

现在,你会发现这就是创建并执行晨间惯例最快的方法,因为只要全部习惯链彼此兼容,执行起来就非常容易了。

· Step 9 记录你的晨间惯例

步骤九是最简单的一步，但请不要低估了它的重要性。

我建议你用笔和纸把每天的晨间惯例活动记录下来，不要过分相信记忆力，也不要使用印象笔记或OneNote等笔记软件将其进行云存储，更不要把它放到Microsoft Word（文字处理软件）文档中。

晨间惯例为什么一定要记录在纸上

要把晨间惯例写在纸上。

我推荐这样做有三个原因。第一，动笔书写行为能让你将注意力集中在你正在书写的内容上。研究表明，书写时大脑的认知过程与打字时的是不同的。[1]大脑在书写行为中以一种独特的方式参与其中，这样可以促进更深的理解和更牢固的记忆。

第二，把晨间惯例的活动在纸上列出来，就不需要刻意用脑子去记了。很多年前我就知道不能太相信自己的记忆力，如果不把活动事项记录下来，就会很快忘记。如果你正面临同样的困惑，坦白地说，我怀疑大多数人都有这种困惑，那么请你通过记录来轻松地解决这个问题。

第三，把惯例活动记录下来会让你的目标更加清晰可见。如果你像我一样把行为活动记录下来，那么你实现目标的决心会更坚定。当你一觉醒来，看到晨间惯例活动列在纸上，会更有动力起床去一项项实施。

用笔记录晨间惯例

请回顾一下你在步骤八中创建的晨间惯例（或者叫作习惯链）。接下来，拿出一张纸，将其分成两列，在左边一列写下你日常生活中的各项活动，在右边一列注明每项活动需要的时间（以分钟为单位）。

以下是一则以实现放松身心为目标的晨间惯例设计示例：

淋浴	（10分钟）
吹干头发	（15分钟）
化妆	（5分钟）
吃健康的早餐	（20分钟）
进行呼吸练习	（5分钟）
练习正念冥想	（5分钟）
写日记	（15分钟）
列一份感恩清单	（5分钟）
听一段振奋人心的播客	（15分钟）

标注好每项活动所需的时间，这份写在纸上的清单能让你的生活处于正确的轨道上，确保你在不匆忙的情况下完成整套晨间惯例。

如果你忍不住想要跳过这一步骤，想要免掉这个环节，那可千万不行！一定要抵制诱惑。通过实际的操作你会发现，记录下晨间惯例能让你集中注意力。一旦被记录下来，它们就会每天提醒你去执行。

- **Step 10　定期调整晨间惯例，以面对新的挑战、适应目标和日程变化**

没有什么会一成不变！日程会改变，目标会变化，新任务会出现，这些都需要你投入更多的时间和精力。

随着生活发生改变，晨间惯例也应该随之而改变，因而你需要偶尔调整以适应变化。

调整晨间惯例以实现新的目标

例如,我们假设你现在的晨间惯例需要两个小时完成。你在早上五点四十五分起床就能确保完成所有活动,并在八点前离开家(额外的十五分钟以备不时之需)。这给了你足够的时间来处理早晨上班的通勤问题,确保你能在早上八点半到达办公室。

现在,假设你的老板要求你以后早上八点到公司,你只有两个选择:

1.把晨间惯例的时间缩短到九十分钟。你可能需要缩短某些活动的时间,或取消某些活动(或两者兼而有之)。
2.提前三十分钟起床。

关键就是你必须调整之前的晨间惯例,以满足早晨日程改变的需要。

再举个例子:假设你设计了一套惯例来帮助自己减肥,其中包含一些有氧运动。

假设经过三个月的训练,你成功地达到了目标体重,减肥就不再是你的目标,现在的目标是保持体重。此时,你需要调整晨间惯例以实现新的目标。为此,你可以用练习瑜伽、散步和吃低碳水化合物早餐等活动来代替之前的有氧运动练习。

重点就是要随着环境和目标的改变,更新你的晨间惯例。如此一来,你就能充分利用好早晨的时光,实现效率最大化。

创建一个能实现新目标的晨间惯例

在步骤一中,我们确定了执行晨间惯例的目标。在随后的几个步骤中,我们创建了一个用于实现该目标的晨间惯例。

请回顾你的目标,仔细想想该目标现在对你是否仍然很重要。它仍然还是你每天的首要任务吗?如果是,那就坚持目前的晨间惯例。如果你的目标改变了,请按照步骤二到步骤九的顺序再创建一个能实现新目标的晨间惯例。

接下来,请检查你在早上必须完成的事项,尤其是那些你需要在某个时间点到某个地方的事项。这些事项最近有变化吗?你是否面临着新要求？有没有新的情况出现，让早晨可支配的时间变少？如果回答是肯定的，请主动调整你的晨间惯例。

　　我建议此步骤每周定期执行一次。你可以根据自己的情况选择特定的一天——我喜欢在周日完成这项任务——请把该步骤安排在你的日程之中，并将它当作优先事项。如此一来，你就能定期检测晨间惯例是否切实可行，是否能实现你的目标。

- 成功的关键：循序渐进

我在步骤六中曾提到过：从一个简单的晨间惯例入手，重要的是要不断地重复该程序。

养成新习惯或坚持惯例最有效的方法就是循序渐进，一点点地积累。正如莎士比亚在《罗密欧与朱丽叶》中说过的："凡事要三思而行，跑得太快是会滑倒的。"

这个滑倒的人就是曾经渴望养成新的习惯还有晨间惯例的我。如果我想要同时改变很多习惯，那么肯定会失败；而反过来，如果我一次只改变一个习惯，这种改变就能持续下去。

我敢肯定你一定感同身受。请回忆一下你上次想要彻底改变生活方式的时候，你能一次性同时改变所有的坏习惯吗？还是在接下来的几个星期里你几乎放弃了改变的努力呢？

如果你经历过第二种情况，也不要感到奇怪，因为这就是我们大多数人相同的经历。

改变总会遇到阻力，变化越大，阻力就会越大。这就是为什么我提倡从一个简单的晨间惯例开始，然后逐渐增加活动，让你的大脑和身体慢慢地适应每一个新的活动。

策划一个宏伟的计划来改变你的晨间惯例当然是很好的。但是不要奢望你能一下子把所有的计划都付诸实施，要慢慢地一步步来。一次实现一个改变就很好了，我保证你会获得更长久的成功。

接下来……

在第三章中,我们将探讨人们在执行新的、有目的的晨间惯例时可能遭遇的常见困难和问题,你很有可能会面对其中的几种。我将告诉你如何有效地解决它们。

你应该知道

养成新习惯或坚持惯例最有效的方法就是循序渐进，一点点地积累。

Chapter 3
如何应对挑战和失误

在坚持执行晨间惯例的过程中，你会犯错误，也会面临挑战，还会遭遇绊脚石。它们的出现会让你感到非常沮丧和挫败。

做好失败的心理准备很重要。当你遭遇到的障碍可能会打乱正在开展的晨间惯例时，如果你早已经预料到这些问题，就能够理性而务实地解决它们，而不会被挫败感打败。

第三章内容很短，但请不要被它的简洁所迷惑。当你在执行晨间惯例的过程中遇到问题时，就会发现这是本书中最重要的一部分。

• 要是错过了一天呢

人无完人。即便是最坚定的节食者偶尔也会吃垃圾食品，即便是最忠实的健身爱好者也会偶尔不去健身房，即便是最专业的效率专家也会时不时地在脸书（Facebook）上浪费时间。

有时候，早晨的时光会从你身边溜走。你可能会不小心睡过头，以致没有足够的时间完成晨间惯例，或者有突发事件消耗掉你的时间和精力，迫使你不得不暂时放弃晨间惯例。

错过一天，虽然不够完美，但你不应该过于自责。即使是你的过失造成无法完成晨间惯例——例如在闹钟响的时候你睡着了，也请你原谅自己。我再说一次，没有一个人是完美的，我们是人，就会犯错。

重要的是，我们要从错误中吸取教训，从而做出改变，以便在未来获得更大的成功。举个例子，如果你在闹钟响起的时候睡着了，请尝试着找出原因。你是否因为每晚睡得太晚而积累了大量的睡眠债？或者你是因为压力过大，精神疲惫？

一旦你找到了自己错过晨间惯例活动的根本原因，就可以做出改变来解决它。例如，你可以计划早点睡觉或者练习冥想来减压。

要是在生活中遇到不可避免的挫折呢？

诚然，生活有时也会给我们设置一些意想不到的障碍。为此，你可能会被迫放弃晨间惯例，但你要知道，这并不是你的错。

例如，假设你的孩子得了重病，你需要立刻送他去医院。在这种情况下，错过晨间惯例是无关紧要的，孩子的身体健康自然是需要优先考虑的。

尽管如此，有些人还是对自己太苛刻了，虽然他们无法控制局面，但这种解释还是很难安慰到他们。一旦错过晨间惯例，他们就会自责不已、焦虑不安。

当我们在生活中遭遇困境时，最健康、最实用的回应就是接受并适应它。请接受早晨被打扰的事实，因为你无法控制，所以就顺其自然，让生活继续前进。

事实上，这种内在慰藉对于平复心情很有帮助，虽然意想不到的干扰会对我们一整天的心情产生负面影响，但这也正好说明了为什么晨间惯例如此之重要。它能帮助我们掌控绝大部分的早晨时光以实现目标。

要是你讨厌早晨呢

如果你不是晨型人，早起对你来说就很糟糕。当你想到要把自己从舒适的床上拖起来去练习瑜伽、慢跑或写日记时，就会充满恐惧，焦虑就会像乌云一样笼罩着你。

如果是这样的心态，你怎么可能每天早起，并执行好晨间惯例呢？

在生活中，我发现了一个真理：百分之九十的态度加上百分之十的表现等于成功。我们的态度在很大程度上决定了我们是谁，能完成什么任务。同时，态度也决定了我们的局限性。

这可是个好消息！因为你才是自己生命的主角，可以掌控自己的态度，决定如何看待自我。这就意味着你可以调整自己的态度来改掉坏习惯，并培养新的习惯来实现目标。

例如，假设多年以来你一直反复地声称自己"不是晨型人"，这就是你对自己的态度。你已经写好了一个隐形的脚本，把这一特质定义为你性格特征的一部分。

在这种情况下，想要成为早起的人就必须从改写脚本开始。一旦你开始把自己看成是喜欢早起的人，就会发现自己更容易早起，尤其是在明确了自己的目标之后，将会更兴奋地开启新的一天。

这个脚本的更改不可能在一夜之间完成，整个过程并不容易，当你重新训练大脑去接受这个新身份时，一定会面临内在阻力。

但是一旦你改变了对早晨的看法，就会发现把自己变成早起的人并不像想象的那么困难，甚至还会发现自己的精力变得更加充沛。

记住，你就是自己人生故事的导演，可以选择用任何方式重写脚本。如果现在你还很讨厌早晨，那么请查找原因，然后挑战这个态度，看看能否成功改变。"我不是晨型人"的想法在大脑中一直挥之不去，是因为你在这个过程中不断地这样告诉自己，因而让大脑产生了这种固定印象。

要是在醒来时仍感觉疲惫呢

即使你在早晨醒来时仍感到疲惫不堪,也不用大惊小怪。研究表明,美国有百分之四十的成年人每周夜里至少醒来一次,常常多达三次,醒后还伴有疲倦感。百分之三十八的人每周夜里醒来四次,醒来时感觉身体没有得到充分的休息,非常疲惫。[1]

如果你长期处于上面所描述的情况,在醒来时感到疲惫,那么在闹铃响起的时候就会感到起床困难。如果你不能按照计划的时间起床,就没有足够的时间来完成晨间惯例,所以有必要调查一下让自己感到疲惫的根本原因。

许多人经常在醒来时感到疲倦,是因为他们的睡眠时间不足。如果你正面临同样的问题,那么解决方法很简单:早点睡觉。我建议你重读"十个小贴士助你从此拥有高质量睡眠"的内容。

话虽如此,还有其他一些原因会让你在早晨醒来时感到疲惫,而这些原因与每晚的睡眠时间无关。许多人睡足了八个小时,醒来时仍然觉得很累。上述的研究还发现,美国百分之二十七的成年人有同样的经历。

究竟是什么原因导致了这个问题?如果人们按照睡眠专家所推荐的睡眠时间来保证足够的睡眠,那还有什么因素会让人们在醒来时感觉如此疲惫?

以下是一些可能的原因:

- 极低的睡眠质量。如果大脑没有经历完整的睡眠周期,那么人们即便在床上躺够了八个小时也没有用。
- 缺乏自然光的卧室。在黑暗中醒来会让大脑感到困惑,让它认为自己应该还在睡觉。（明暗是我们大脑昼夜节律的线索，这种昼夜节律决定了我们的睡眠模式。）

- 睡前使用电子产品。手机和平板电脑发出的蓝光会抑制大脑分泌褪黑激素。[2]而褪黑激素有促进睡眠的作用。
- 睡前饮酒。睡前喝一瓶美乐红酒可能会让人昏昏欲睡，但它也限制了人体在睡觉时快速眼动睡眠的时间。[3]
- 压力。你是否在睡觉前和配偶吵架了？你的工作是否陷入了困境？你是否有亲近的人最近去世了？这些情况都会增加压力，会严重地影响睡眠质量。[4]

如果你在醒来后经常感到疲惫，那么请试着找出原因。不要认为每晚在床上躺够八个小时就万事大吉，可能还有其他因素妨碍你享受高质量的睡眠，你需要的是在醒来时感到精力充沛。

如果你自己无法找出原因，那么请向睡眠专家寻求帮助，这一点非常重要。

- **要是习惯性地按"贪睡按钮"呢**

很多人把闹钟或手机上的"贪睡按钮"当成是值得信赖的好朋友。从某种程度上说,当人们迷迷糊糊地伸手去按的时候,它的确是在早上和人们第一个打招呼的"朋友"。

但是,"贪睡按钮"绝对不是什么好朋友。事实上,它会破坏我们的早晨,并对我们接下来的一整天产生负面影响。

我知道你按下"贪睡按钮"是因为想多睡几分钟,但重要的是你必须意识到这些额外的睡眠时间是毫无用处的。当闹铃在七八分钟后再次响起时,你不会产生休息得更好的感觉。为什么?因为用这种方式再次醒来会打断固有的睡眠周期。

当你通过按下"贪睡按钮"来享受额外几分钟的睡眠时,大脑并不是简单地在被打断的循环中恢复它的进程,它必须重新开始一个新的周期。如果闹铃在十分钟内又重新响起,大脑就没有足够的时间进入新周期的深度睡眠阶段。

这就是为什么当闹铃再次响起时,你同样会感觉昏昏沉沉,就像第一次被闹铃叫醒时一样。

简而言之,一次或多次按掉闹铃对你没有任何好处,相反,它会占用你原本可以用来进行晨间惯例活动的时间。当然,它还会对你接下来一整天的情绪产生负面影响。

如果你是"赖床钉子户",那么如何才能改掉这个坏习惯呢?你该如何训练自己不去按"贪睡按钮",而是在闹铃第一次响起的时候就从床上起身呢?请尝试以下的方法:

• 把闹钟或手机放在离床较远处。如果闹钟或手机就在身边,比如床头柜上,当闹铃响起时,你就能很容易地按下

"贪睡按钮"，所以请让它远离你的床。如果你被迫爬起来关掉闹钟，就会更容易开启新的一天。

• 在前一天晚上回顾你的目标。在第二章中，我们一起确定了需要执行晨间惯例的原因。睡前请仔细思考一下你需要起床的客观原因或主观意图。你想要实现什么目标，为什么要实现它？如果你专注于你的目标，就会更积极主动地起床去追求目标。

• 每天在同一时间点醒来。我们已经在"十个小贴士助你从此拥有高质量睡眠"中讨论过这一点，但是在训练自己如何避免按下"贪睡按钮"的时候，它还是值得再次强调的。重复每天早晨在同一时间点起床会在大脑中固定该时间点，从而设定生物钟。一段时间后，你会发现自己不需要闹钟，就会在想要的时间点自然醒来。

• 训练自己从床上跳起来。这种做法可能听起来有些奇怪，但我还是强烈建议你尝试一下。闹铃一响，你马上从床上起身，睁开眼睛，做几次深呼吸，然后回顾一下自己的目标，并充满热情地去追求它。这个看似简单的策略可以改变你的整个心态，让你根本就不会再有按下"贪睡按钮"继续赖床的念头。

如果你是"起床困难户"，请试一试上面给出的四条建议。过不了多久就会发现，你不仅不会再有赖床的念头，还会为开启新的一天而兴奋不已。

- **要是家里有年幼的孩子呢**

如果你有孩子,就肯定知道让他们在早晨做好上学准备的艰难。你每天早上都要叫醒他们,给他们穿好衣服,让他们吃早餐,然后准时送他们出门去赶校车。如果他们不坐校车的话,你还要亲自把他们送到学校或者日托所。所以,在设计晨间惯例的时候,你还需要考虑到相关的通勤时间。

如果一切事务都能按部就班,那么简直要特别庆祝一番了,因为在大多数有小孩的家庭中必定会发生各种小延误。它们是日常生活里的一部分。孩子总是磨磨蹭蹭、注意力不集中。但是,这种小延误会很快地累积起来,让你根本没办法从容地按照时间表行事。

例如,你的孩子可能需要在早上八点二十之前到达学校,这个时间点可没有任何商量的余地。问题是,从让孩子们起床到让他们穿好衣服并吃完早餐,所有的行动事项所需的时间是不一定的。如果孩子们一边穿衣服一边玩,那么他们吃早餐的时间就会相应减少;如果在刷牙的时候偷懒,那么他们就没有多少时间收拾睡衣和床铺。

难怪所有的家长在早晨都烦躁不安、急急忙忙!

如果你也面临同样的情况,那么该如何为自己制订晨间惯例呢?你能做些什么来确保自己有足够的时间为富有成效的一天做好准备?

早晨给自己留出充裕时间的最简单的方法就是早起。如果你起得比家里其他人都早,就能享受到安静的、不被打扰的时光。

但如果你并没有任何计划,就不需要早起。你最不需要做的事情就是只为了完成晨间惯例而剥夺自己高质量的睡眠。这种做法只会导致你最终欠下许多不得不偿还的睡眠债。如果你想早起,那就一定要早点睡觉,并采取相应的措施确保自己享受到高质量的睡眠。

还有一个更大的挑战需要你来解决:精简孩子们的晨间惯例活动,尽可能地减少延误。我建议你在前一天晚上做好以下事项:

- 把孩子们的衣物准备好。
- 为孩子们准备好第二天的午餐。
- 确保孩子们的背包里装有符合要求的课本、纸张和材料。
- 为第二天的早餐准备好餐具。
- 把孩子们的晨间惯例活动记录下来。让他们知道该做什么,按什么顺序做。例如,整理床铺,穿好衣服,把睡衣收好,吃早饭,刷牙,穿鞋,等等。
- 禁止不必要的活动。不要让孩子们在早上玩电子游戏、给朋友发短信,或者看卡通片。

不要让家里有孩子的事实阻止你坚持自己的晨间惯例。提前一晚做好计划和准备,让孩子们起床后按照计划完成任务,这样他们就能自己做好准备,同时你也有足够的时间留给自己。

要是缺乏毅力呢

假设你曾经尝试过在日常生活中安排晨间惯例,但是一再地失败。每天清晨,当闹铃响起,你躺在床上,按下"贪睡按钮"后继续睡,最后不得不起床的时候,已经没有时间去执行计划好的晨间惯例了,必须手忙脚乱地准备才能准时离开家。

在这种情况下,你可能会跟自己说:"我在早晨需要有更多的意志力。"但这种想法是错误的,增强意志力可不是解决问题的根本办法。

意志力是生活中很容易被误解的事物之一。因为我们误解了它产生作用的原理，所以每当我们失败时，往往会毫无必要地惩罚"没有意志力"的自己。

如果我们正在节食，屈服于想要吃甜甜圈的诱惑，就会责备自己"没有意志力"；如果我们想要每天坚持锻炼计划，但是因为看电视而没去健身房，就会责备自己"没有意志力"；如果我们想要执行一套全新的晨间惯例，却因选择了赖床而没有做到，就会觉得"没有意志力"的自己是可怜的失败者。

自我谴责的内容总是如出一辙："我需要更强的意志力。"

问题是，意志力就像一罐汽油，每次你决定放弃一种选择而选取另一种的时候，都会消耗一些意志力。这种消耗会持续一整天，直到油箱空了为止。

意志力也并不可靠，虽然我们早上可支配的意志力比晚上多，但还是没有足够的意志力去克服阻力并采取有目的的行动，所以想要依赖意志力是很不明智的。

如果更强的意志力不是解决问题的办法,那该怎么办呢?

答案很简单:培养一个习惯。当你一遍又一遍地坚持做某件事时,这种行为就会根深蒂固。这样的话,你根本就不需要意志力。

例如,你每天早上刷牙的习惯。因为这么多年你一直在每天早上刷牙,这就是个根深蒂固的习惯,你不需要考虑这样做的好处。你每天这么执行,根本不需要依靠意志力就能实现。

这就是我们要把晨间惯例变成行为习惯的重要原因,这样做能完全消除我们对意志力这样一种有限且不可靠的资源的依赖。

你需要多长时间才能养成一种习惯,使之根深蒂固呢?这很难确定,因人而异。研究表明,这可能需要十八到二百五十四天的时间,具体多久则取决于个人。[1]

研究还表明,环境对我们如何在互相竞争的选项中做出选择起到重要的作用。[2]简而言之,我们可以设计出一个环境来支持我们养成早起的习惯。

我们在"Step7 简化晨间惯例"中提到了这个观点,举了把跑鞋放在床边的例子，解释这样做的理由是可以减少执行出门慢跑这一活动的阻力（如果这是你日常生活的一部分）。我还建议你在床头柜上放一杯水，因为这样做可以让你一觉醒来就能补充水分。

关键点：你完全不需要依赖意志力坚持执行晨间惯例。你只需要让晨间惯例成为一种习惯。随着时间的推移和执行的持续，这些活动会变得根深蒂固，以至于大脑会在苏醒时自然而然地采取行动。

让我们引用亚里士多德的话来结束这一部分：

"我们不断重复做的事情造就了我们。因此，卓越不是一种行为，而是一种习惯。"

- ## 要是工作时间不固定呢

　　并不是每个人都拥有朝九晚五的工作时间，有些人的工作时间不规律，还有些人肩负的责任和任务让他们无法每天在同一时间点睡觉和起床。

　　如果你的情况恰好符合以上描述，那还能把晨间惯例作为生活日程的一部分吗？答案是肯定的。

即使你在非常规的时间工作,例如上夜班,依然可以保持着特定的时间安排。你可以在特定的时间点睡觉,在特定的时间点醒来。加入晨间惯例只是调整一下你的日程安排。

例如,假设你上夜班,你的轮班从晚上十一点开始,到早上八点结束。如果你在回家后不久就上床睡觉(比如早上九点),你的"早晨"大约从下午五点开始(假设睡八个小时)。如果你喜欢在下班后吃顿饭、做些杂事,中午开始睡觉,那么你的"早晨"大约从晚上八点开始。

在这两种情况下,你仍然保持着一个有规律的作息时间,只不过它是非常规的。因此,你只需要按照那个时间表来执行晨间惯例,这仅仅是个改变时间框架的简单问题。例如,你在下午五点执行惯例,而不是在早上五点。

想要保持非常规日程的晨间惯例的确有些复杂,可是如果每个工作日我们都要在不同的时间点上班,就会更加影响我们在生活中享受到的秩序感。

其实在这种情况下,坚持惯例比在其他任何情况下都更为重要，你只需要非常精心地计划它们。

即便你的工作日程是不规律的，你也需要对整个星期的每一天的作息都做好计划。一般来说，你的工作日程表不太可能每天都有很大的变化（比如周一早上八点开始工作，周二晚上八点开始工作）。如果其变化真的很大，那么精神和身体上的疲劳将使你无法长期如此。[1] 因此，你仍然可以保持相对一致的惯例。

例如，以下是一个不规律的工作日程表：

- 星期一　8:00 至 17:00
- 星期二　10:00 至 19:00
- 星期三　12:00 至 20:00
- 星期四　7:00 至 16:00
- 星期五　9:00 至 18:00

假设你已经为自己创建了下面的晨间惯例，时间总共为两个小时：

刷牙、上厕所　　（5分钟）
洗澡　　　　　　（10分钟）
吹干头发　　　　（15分钟）

进行伸展练习	（5分钟）
慢跑	（15分钟）
记日记	（20分钟）
穿好衣服	（5分钟）
吃早餐	（15分钟）
冥想	（5分钟）
早上通勤	（25分钟）

再看看上面不规律的工作时间表，你最早要去上班的时间是星期四的早上七点。为了完成晨间惯例，你需要在早上五点起床。

请把早上五点定为正常起床时间，并且整周都保持一致。即使你周三中午十二点上班，也应该在那天的早上五点起床。这样做的好处就是能训练大脑坚持一致的睡眠模式，让生物钟保持规律。

如果你早上五点起床，那么不管是哪一天，都有足够的时间来完成晨间惯例，不规律的工作日程就不会成为你坚持晨间惯例的障碍。

的确，在我们想要养成晨间惯例时，不规律的上班时间本身就是一大挑战。但这是个很容易解决的挑战，我们需要做的只是学会计划和变通。

接下来……

第四章内容将带你探索十位顶级成功的人士的晨间惯例。毫无疑问,他们的名字对大众来说是家喻户晓的。你可以通过考察这些成功人士度过早晨时光的方式,更好地了解目的明确的晨间惯例是如何为富有成效的一天创造有利条件的。

你要有心理准备

请接受早晨被打扰的事实,因为你无法控制,所以就顺其自然,让生活继续前进。

Chapter 4

十位成功人士的晨间惯例

如果你和成功的企业家、运动员、高级管理者或公司老板谈论他们的晨间时光是如何度过的,就会发现他们都拥有一个高度相似的特点:对如何度过晨间时光有很强的目的性。他们知道自己白天想要完成哪些事项,并坚持执行晨间惯例来帮助自己完成计划。

积极进取的人会更早地开启新的一天,他们采取的行动会让同龄人望尘莫及,关键就在于所有的成功人士都有精心策划的并且适合自己的晨间惯例。

研究这些高产者是如何度过他们的早晨时光的,对我们来说非常有意义,哪怕只是看看他们的日程安排如何变化。当我们总结他们的生活日程时,也会激发出改进自己的惯例的灵感。

不要害怕尝试,因为不断尝试是帮你确定个人模式最有效的办法。

1 托尼·罗宾斯的"启动仪式"

托尼·罗宾斯以高超的舞台掌控力而闻名,参加过他的培训演讲班的听众都说他特别有感染力。

罗宾斯不仅开培训演讲班,还训练高水平的运动员、高层管理者,甚至知名的投资顾问。与此同时,他还写书,并且成功地出版发行并卖出了数百万册。

毫不夸张地说，罗宾斯就是一位成就达人。

他把自己的晨间惯例称为"启动仪式"。不管是花上一个小时还是十分钟，他都会把该程序走一遍。事实上，他说：

"如果连十分钟都空不出来，就说明你根本没有生活。"

他的"启动仪式"由三个组成部分：

  呼吸练习
  表达感激
  祈祷或冥想

罗宾斯练习被称为"圣光调息法"的瑜伽调息法，用来训练呼吸控制能力。他笔直地坐着，通过鼻孔深深地吸气，然后通过嘴迅速呼出。罗宾斯每天早上做三组三十次的呼吸练习。

在呼吸练习之后，罗宾斯会用一点时间来表达他对生活中三件具体事物的感激之情。他认为，执行这个步骤能决定这一天的心态。他说："当你心怀感恩时，就很难有焦虑、愤怒或怨恨这样的情绪。"

在表达完感激之情后,他就会祈祷。他祈求上帝赐予他力量,使自己能在这一天内履行好自己的职责,同时他也为认识的每一个人祈祷,从家人到客户。罗宾斯认为,他的"启动仪式"不是宗教活动,而是一种精神上的探索,这种探索人人都会有,只是方式殊异而已。

除了"启动仪式",罗宾斯还喜欢冷冻疗法。这是一种通过接触液氮来降低体温的做法。研究表明,它可以减轻炎症和疼痛,同时提高身体素质。[1]

对托尼·罗宾斯的晨间惯例的思考

罗宾斯的"启动仪式"之所以成功,有两个原因:首先,它很容易,任何人都可以轻松做到;其次,它可以很快地完成,就算只剩下十分钟,你也能完成整个程序。

就我个人而言,我发现这三个步骤都非常有效。我通过呼吸练习来训练注意力、降低压力水平,通过感恩和祈祷的活动拥有积极的心态。

我建议你亲身尝试这三项活动,并且根据自己的喜好进行调整。例如,你不必运用瑜伽调息法,只需要闭上眼睛,有意地练习吸气和呼气,如此循环三分钟,尔后记录下自己的感受。

表达感激和祈祷(或冥想)也是如此。如果它们适合你,就让它们成为你晨间惯例的一部分;如果不适合,也不需要勉强。记住,关键是设计一个适合自己的惯例。

冷冻疗法呢?很遗憾,这可不是我们普通大众考虑的选项,当然也不可能是日常生活的选择,毕竟很少有人能接触这项技术。但是你可以模拟这种体验,例如,选择在早上来个冷水澡或者冰浴。

请注意,冷水澡和冰浴练习都不适合胆小的人,它们会对身体系统造成较大的冲击。就我个人而言,喝一杯冷水就可以达到效果了。

·2 加里·维纳查克的"三小时预备班"

加里·维纳查克有太多的头衔了！他是一位企业家，但仅仅用企业家不足以概括他的成就。事实上，他是一位创业家，是数家企业的创始人。他曾创办一家葡萄酒企业，仅用五年时间就使其价值达到六千万美元（1美元≈6.99人民币）。他推出了《葡萄酒图书馆TV》这档节目，并在下架前录制了一千集。然后，他又创办了数字营销代理公司维纳传媒[①]，其已经成为《财富》世界五百强中深受欢迎的企业之一。

---

① 即VayerMedia。

除了企业家，维纳查克还是《纽约时报》的畅销书作家、专业投资者（通过他的RSE投资公司）和演说家。[1]

他还有两个年幼的孩子。

维纳查克每天把十八个小时投入到家庭、多种业务和其他事项中。他曾说："每一分钟都很重要，所以我的日程安排是以秒来计算的。"这就意味着他需要充分利用早晨的时间。

他每天遵循的晨间惯例需要将近三个小时才能完成。

首先，不管是工作日、周末还是国家性的节假日，他都会在早上六点起床，然后拿起手机走进浴室，开始执行晨间惯例。他在浴室里浏览新闻头条、电子邮件、推特、体育文章和与他的数字营销公司相关的材料，之后上Instagram（图片分享社交类应用）看看朋友新上传的照片。

其次，他会锻炼身体。他每天在私教的指导下花四十五分钟到一个小时锻炼身体。他的目标有两个：让身体脂肪最小化和让肌肉增长最大化。他想保持健硕的身材，并认为这有助于他以最好的状态度过这十八个小时。

最后,他会陪伴家人。维纳查克公开承认,他在工作日的早上只花五到十分钟的时间来陪伴孩子们,但是在周末和假期会陪他们几个小时。

当他和孩子们吻别时已经临近早上九点,他得赶去公司出席第一场会议,忙碌的一天开始了。

对加里·维纳查克的晨间惯例的思考

维纳查克晨间惯例的第一步是处理各种信息,他在浴室里阅读了大量的信息。

就我个人而言,我发现早上阅读与业务相关的新闻和文章会分散注意力。不过话虽如此,我如果需要同时处理和维纳查克一样多的生意,并且需要持续跟进,那么可能会执行同样的晨间惯例,努力克服分心的毛病。

这种做法也许可以引起你的共鸣。如果是这样,那么建议你把它当作你晨间惯例的一部分去"试驾"一下。如果发现此方法对你有帮助，就留着吧；如果没有，那就扔掉！

锻炼身体是维纳查克晨间惯例的第二部分。你的锻炼并不一定要让脂肪量最小化和肌肉量最大化，也可以是一个简单的有氧运动，只要能提升你的心率和反应能力，任何形式的身体运动都可以。此外，你也不用觉得非得花一个小时在运动上。

我的晨间惯例里只有五分钟的伸展运动，这对我非常有效果。请尝试对你有效的运动方式。

如果你有孩子，可能就会对维纳查克晨间惯例的第三步产生共鸣。早上花些时间陪伴孩子们，哪怕只有几分钟的时间，不仅能增强你和孩子之间的情感联系，还能改善你的情绪和性格，让接下来的一整天更具意义。

3 蒂莫西·费里斯的"五步养生法"

《纽约时报》畅销书排行榜中有一本广受好评的书——《每周工作四小时》,蒂莫西·费里斯是这本书的作者。自从该书发行以来,他就围绕着"四小时"品牌建立了一个商业帝国,不仅连续创作了好几本书并公开发表了一系列相关的演讲[1],还在线维护了一个备受欢迎的博客。费里斯也是美国某些大品牌的天使投资人和顾问,其中包括优步、脸书和推特。他还是企业家、记者和出色的跆拳道运动员。

简而言之，费里斯有非常多的事务要忙。

2016年，费里斯出版了《巨人的工具》一书，该书详细介绍了世界上最成功的一群人的晨间惯例。费里斯亲自尝试了所有的活动，并评估这些活动对他一天的影响，最终决定留下五项：

    铺床
    冥想
    锻炼
    补充水分
    写日记

费里斯每天的晨间惯例从铺床开始，他这样做可不是为了保持卧室整洁，而是这个活动能给他带来一种掌控感。费里斯说，生活里每天都有自己无法控制的事件发生，这些突发事件有时让他感觉自己对生活毫无掌控力，于是他开始了铺床的活动：

"在一个充满不可预测和不受控制的变量的世界里，你可以用微小的胜利开启新的一天，也可以在一天结束的时候回到这件已经完成的事情上来。"

铺床后，他会练习二十一分钟的超觉冥想。一般来说，在最开始的六十秒里他会坐立不安，慢慢地才能进入安定的状态。接下来的二十分钟他会背诵咒语，以此来阻挡分心的念头，理清自己的思绪。

冥想过后，费里斯就开始锻炼。他没有像加里·维纳查克那样用一个小时，而只是让身体活动大约三十秒钟，通常是做几个俯卧撑和撑体运动。

接下来，费里斯会泡一壶普洱茶来补充水分。一般情况下，他会在普洱茶中加入椰子油或辛酸，声称大脑需要这两种物质所含有的脂肪。

最后，他会写日记，用五到十分钟回顾自己的成就，并对生活中的福祉表示感谢。他称这种活动为"治疗性干预"。

费里斯不是完美主义者，他意识到生活的不可控因素有时会让他无法实现目标。如果有时无法完成这套"五步养生法"活动，但只要能完成其中的三项，他就会认为这个早晨是成功的。

对蒂莫西·费里斯的晨间惯例的思考

我喜欢费里斯的晨间惯例的原因有两个。首先,它很简单,任何人都能做到。

其次,它很灵活。你可以选择冥想三分钟或二十分钟,也可以选择锻炼三十秒或半小时。如果你不喜欢茶,那么可以用白开水补充水分。他的晨间惯例的适应性非常强,完全由自己掌控。

费里斯的晨间惯例的大部分与我用来准备写作的晨间惯例极其相似。例如,我早上铺床的原因和他的完全一样:整理好床铺是我可以掌控的一个小小胜利,能让我产生自己对某些事物有影响力的感觉。这虽是小事,却能够在很大程度上影响我的工作状态。

费里斯说,他采访过的人中,百分之八十的人都有在早晨做冥想的习惯。他发现冥想练习对控制情绪很有帮助,我也有同样的感受,但是比起超觉冥想,我更喜欢正念冥想。我发现冥想练习能有效地释放紧张情绪,改善我对不利环境的反应方式。

我强烈建议你尝试一下。如果你还不习惯这种做法,刚开始可能会觉得有些奇怪,但坚持下来后,就会发现冥想练习是对晨间惯例的有益补充。

我喜欢费里斯的清晨锻炼方法。他做运动不是为了保持身材，也没有花很多时间。他用晨练来帮助自己集中注意力，加速身体血液循环，而所用的时间还不到一分钟。他"真正"的锻炼时间在晚上。

就个人而言，我更喜欢伸展运动，它能让我感觉身体更灵活，有助于保持头脑清醒。你可能喜欢做其他类型的体育活动，比如俯卧撑、后深蹲或划船练习，请尝试一下，看哪些运动对你有效。

费里斯说喝茶有助于他理清思绪，更好地集中精力，并在头脑中设定工作优先级。即使你不喜欢喝茶，也应该把补水纳入晨间惯例中。我醒来就马上补充水分，之后还会在星巴克喝上一杯美式咖啡。也许你更喜欢橙汁、豆奶或不加糖的蔓越橘汁。请尝试喜欢的饮料并观察它们对你身体的影响效果，注意不同饮品带给你的感觉。

费里斯说写日记能让他感觉更快乐，让他的焦虑感减少，让他有机会反思自己的生活，尤其是能让他记录下他感激的人和事。而且，他能够抛开A型人格容易焦虑的部分，用短短的几分钟时间真正享受当下。

最近我没有写日记，我的大部分写作活动都是为他人创作阅读材料（书籍、博客、电子邮件等）。话虽如此，我还是想谈谈费里斯所强调的写日记的好处。我喜欢做的事情之一就是独自坐在车里，然后思考自己的生活、目标、成就及感激的人和事。这听起来可能奇怪，但这样做总能让我重新振作起来。

如果你没有尝试过写日记，请试试吧！你可以写下正在经历的情绪，许下未来想追求的目标，记录下值得感激的点点滴滴。

不管写了什么内容都只供自己阅读，无须担心别人会读到并取笑你。让自己拥有写下所有想法的自由，即使别人觉得这种做法有些奇怪。我敢打赌，你会发现这项活动既令人振奋又有治疗效果。

4 凯文·奥利里早晨的"三项优先"

凯文·奥利里的日程安排得很满,除了在电视节目《鲨鱼坦克》中扮演重要角色外,他还经营着一家投资公司(奥利里金融)、一家饮料公司(奥利里美酒),是多个广播电台的常驻撰稿人。他还写了三本书。他似乎还嫌不够忙,还考虑过从政。

奥利里是如何能够高效地处理如此繁重的日程事务的呢?他坦言自己十分依赖晨间惯例。这帮助他提高了工作效率,让他能顺利地度过每一天。

他每天起得很早，通常在早上五点四十五之前起床，然后骑上健身脚踏车开启新的一天。骑健身车会持续一个小时，他一边骑一边仔细阅读亚洲和欧洲债券市场的报告。完成健身车运动后，他就该去办公室了。

一到办公室，就意味着日常工作的核心部分开始了。他会集中全部注意力处理一份列有三项待办事务的清单，这是前一天晚上就做好的计划，所以不必再在早上浪费宝贵的时间来创建计划。

奥利里会忽略一切其他事务，直到完成待办事务清单上的三件事为止。在此期间，他不会阅读或回复电子邮件、短信，也不接电话，不看电视，不参加会议。

奥利里认为，这一策略有助于提高他的工作效率。他告诫自己，清单上所列的待办事项不要多于三件，因为超过三件可能会使自己遭受打击和失败，而三件正好。

完成了这首要的三项事务后，他才会查看电子邮件、回复短信、回电话和参加会议。

对凯文·奥利里的晨间惯例的思考

奥利里的晨间惯例的美妙之处在于简单明了。他一边锻炼身体，一边把握国际债券市场的脉搏。接下来，他集中处理待办事务清单上的工作任务，该清单总是包含三项"优先"事务。

请注意，他早上在办公室的惯例极度集中且有明确的目的。当他集中精力处理待办事项时，可以完全不受外界干扰。

就像许多严格执行日程计划的人一样，奥利里坚持在早晨锻炼身体。他知道如果起床后不立刻进行这项活动，很可能就会放弃健身运动。

锻炼身体是成功人士的晨间惯例中相一致的部分之一。他们一致认为锻炼身体能让他们更敏锐、更具创造力、更具活力。他们还发现，早晨锻炼身体还能加强自律。

如果你还没有尝试过在早晨锻炼，那么我建议你试一试。记住，你不需要每天花几个小时待在健身房，也不需要每次都运动到大汗淋漓。你可以先从一些伸展运动开始，再加几个俯卧撑或者深蹲。

如果锻炼身体能让你感觉更好,请把该项活动加入你的惯例中。然后,逐渐增加运动的时间或强度,直到形成个人体验最优化的模式。

奥利里的三项优先事务清单是一个开启早晨的好方法。三项任务不多,不会让人望而生畏,同时,在一天开始之前就完成了三项优先级高的任务会让你非常有成就感。每完成一项都是一个胜利,这将使你在接下来的工作里斗志昂扬。

5 弗兰·塔肯顿的"大脑喂养"训练

弗兰·塔肯顿是一名出色的职业橄榄球运动员,蜚声国内外。他在球场上度过的十八个赛季实在令人印象深刻,并在此期间打破了全美橄榄球联盟的多项重要纪录。他在1978年挂靴宣布退役,并于1986年入选职业橄榄球名人堂。

橄榄球可不是塔肯顿唯一的兴趣,除了当一名受欢迎的体育评论员,他还参与主持了一档颇受欢迎的真人秀节目——《难以置信》。他还创办了软件公司、咨询代理公司和金融服务公司。一路走来，塔肯顿写了许多书，并成功出版发行。

与《清晨高效能》里介绍的其他成功人士一样，塔肯顿保持着严格的作息时间。他认为晨间惯例对他的成功至关重要。他还指出：

"坚持晨间惯例总是能给我带来清晰的思路、积极的心态，最重要的是，为接下来的时光埋下成功的种子。"

塔肯顿的晨间惯例包括三项主要活动：

提供关怀
刺激思维
照料身体

对塔肯顿来说，提供关怀的方式是喂养家里的狗狗，带它们去跑步。他先照顾它们的需求，然后再照顾自己的需求。这样做对他来说很重要，能让他拥有一种奉献的心态。

回家后，他会坐下来接收海量的信息。他会阅读多份报纸，了解国内外的事件，吸收自由派和保守派的观点，商业文章和体育版新闻也是他非常关注的部分，即使是他觉得无聊的材料也会去学习。

这项活动的目的是用不同的观点来充实自己的大脑。他认为这样做能给他提供一个更广阔的视角,从而使自己更加全面地思考。

遵循类似的"大脑喂养"原理,塔肯顿同样精心照料自己的身体。他戴上Fitbit智能运动手环,一边看最新的商业新闻,一边做低强度运动。锻炼后,他会补充水分,享用一顿由各种浆果做成的营养早餐。

塔肯顿认为,随着他慢慢步入老年,营养和锻炼对他的寿命和生活质量至关重要。他还强调保持清晰思考的能力的重要性,因为这对追求自己的商业利益和维持苛刻的作息时间至关重要。

对弗兰·塔肯顿的晨间惯例的思考

塔肯顿在照顾自己的需求之前关心他人的做法非常有趣。科学研究表明,为他人提供照顾会给照顾者带来心理上的愉悦感和幸福感。[1]无论你是照顾年迈的父母,给准备上学的孩子们做营养早餐,还是带着狗狗出去散步,向他人提供照料,都是开启新的一天的绝佳方式!

不过不像塔肯顿,我会在晨间惯例尽量避免浏览新闻。而且,我一整天都会故意避免浏览新闻,因为我知道它对提高我的注意力或开拓我的视野并没什么帮助。

话虽如此,我还是能够理解塔肯顿的观点。他阅读多份报纸以开阔视野,其实对于某些人来说,这可能是一个十分有价值的活动,尤其是那些倾向于持有个人偏见的人。例如,尽管塔肯顿有保守倾向,但还是故意阅读自由派记者写的文章。

在我看来,每个人都可以从塔肯顿的晨间惯例的第三部分受益:照顾好自己的身体。锻炼不仅能加快身体的新陈代谢、减轻压力、提升能量,还能提高身心的敏锐度、增强自律能力。此外,它还能让你对自己的一天产生良好的掌控感,因为你可以自行选择锻炼的形式和持续时间。

我还强烈推荐你在早晨吃一顿营养早餐。富含蛋白质的食物有助于调节血糖水平、保持精力充沛,会帮助你在接下来的一天中保持高度集中的注意力。

·6 斯科特·亚当斯的"二十分钟自动运行程序"

斯科特·亚当斯是二十世纪九十年代美国成功的漫画系列之一——《迪尔伯特》①的创作者,但每天创作漫画并不是亚当斯的唯一工作。他还写了好几本书,其中的几本已经出现在《纽约时报》畅

---

① 《迪尔伯特》(Dilbert),也有人翻译为"呆伯特"。迪尔伯特是斯科特·亚当斯二十世纪九十年代创造的最成功的职场漫画系列的主人公。

销书排行榜上。他最近还创办了一家新的公司——日历树网站[①]。

为了让自己每天都高效地工作，无论是《迪尔伯特》系列更新、写作一本新书，还是管理新创办的公司，亚当斯都必须能够创造性地思考。对于自1989年《迪尔伯特》首次亮相之后创作了一万多部漫画的人来说，这是一个极高的要求。

亚当斯高度依赖他的晨间惯例，他自认为做到这一点非常简单。他在早晨五点起床。到了五点十分，他坐在办公桌前，一边喝着咖啡，一边吃蛋白棒（他认为这两种味道在一起很棒）。他坐在办公桌旁等待灵感爆发，这个过程需要二十分钟。

他一边等，一边看新闻。他更喜欢阅读欣欣向荣的商业和技术方面的新闻，而不喜欢枯燥乏味的政治新闻。

亚当斯认为，他的晨间惯例只有一个目的：让身心进入自动运行状态。这样当灵感来临的时候，他就可以充分利用创造力进行创作了。

他认为，灵感不会接受召唤，自己所能做的就是"设立一个具

[①] 即 CalendarTree.com。

有吸引力的陷阱,然后等待"。设置好陷阱后,需要像猎人一样,端着一杯咖啡,一边吃蛋白棒,一边耐心地坐在办公桌前等着。

亚当斯每天早上都一丝不苟地遵循同样的步骤、同样的顺序等待灵感的爆发。他遵循这套程序已经好多年了,该晨间惯例不仅激发了他的灵感,还提高了他的工作效率。

这个惯例对亚当斯来说非常重要,因为他的创造力通常会在早晨晚些时候消失。正是出于这个原因,他每天都会在早晨尽量多做些工作。

对斯科特·亚当斯的晨间惯例的思考

虽然亚当斯把闹钟设在凌晨五点,但他有时会在凌晨三点半就醒来。他感觉自己"睡够了",就不会继续睡,而是起床开启新的一天。

我建议你不要像他这样,如果你经常在闹铃响之前醒来,就得查一下原因。例如,你是否感到焦虑或紧张?你是否是因为在睡前摄入了咖啡因,所以难以平静地入睡?

你需要把闹钟设在一个能保证你享受充分休息的时间点(七至八个小时)。要是提前九十分钟起床就会干扰休息,时间一长,欠下的睡眠债会影响认知能力。

值得称赞的是,亚当斯自己也承认他在早晨挤压时间工作的做法可能不太理想。他告诉商业内幕网:

"我死后会一直睡觉,像我这样总是过分压榨自己的睡眠时间,也许悲剧就会发生在不久的将来!科学告诉我们,平均每晚仅睡四小时会严重影响健康!"

亚当斯把锻炼推迟到午饭后,他发现早晨锻炼身体对激发创造力没有帮助,而激发创造力才是他的首要任务。

这充分说明一个人的惯例可能不太适合另一个人。例如,我发现做伸展运动能提高创造力,而亚当斯却不这么认为。萝卜白菜,各有所爱。鉴于亚当斯所做的大量工作及其取得的巨大成就,毫无疑问,他的方法就是最适合他的。

如上所述，很多人都跟亚当斯一样，每天早晨用一杯咖啡开启新的一天，可能也都体验过早晨摄入咖啡因的积极作用。事实上，不少人的生活不能没有咖啡因，科学研究的结果似乎也肯定了咖啡因的积极作用。研究表明，咖啡因可以调节情绪，提振精神，提高敏锐程度。[1,2,3]

关于咖啡的简短说明

可能你像数百万人（包括亚当斯）一样，喝咖啡是你晨间惯例的一部分，而且已经持续很多年了。如果是这样的话，那么你基于习惯而喝咖啡这项活动有可能并非最优选择，希望你能尝试以下方法。

例如，如果现在你每天早上喝四十盎司的咖啡，那么请减少到二十盎司，并关注减量对你的敏锐度和精力是否有影响；或者尝试用二十盎司的水服用含有咖啡因的药丸，比如说"瞌睡无"（NoDoz）和"Vivarin"等广受欢迎的品牌，你可能会发现改服咖啡因药物能让你不那么紧张，更能集中注意力。

许多人早起就喝咖啡，即使会导致肠胃不适，他们认为咖啡因给身体带来的好处可以让他们适当牺牲一些舒适感。但咖啡因并不是引发身体不适感的原因，脱咖啡因咖啡也会令很多人感到类似的不适。

如果你处于类似的困境中，那么请考虑用一种含有咖啡因的、可以提升能量的替代物来换掉咖啡，如马黛茶或是红茶；或者还可以尝试不含咖啡因的饮料，如人参茶和石榴汁等。众所周知，它们都能增加能量。

建议你在创建高质量的晨间惯例时，对新方法持开放的态度，不断地尝试是帮助自己确定最适合的晨间惯例的唯一方法。

7 霍华德·舒尔茨的"激励早晨"

你可能从未听说过霍华德·舒尔茨的大名,但肯定在他的商业帝国里消费过,他就是总部坐落在西雅图的全球咖啡巨头星巴克的首席执行官。

星巴克是全球少数几个似乎不受经济趋势影响的品牌之一,不管世界经济是在衰退还是在上升,星巴克的规模(商店数量)和收入都在逐年增长。

原因是显而易见的。

根据美国咖啡协会2013年进行的一项调查，美国百分之八十三的成年人喝咖啡。[1]其实一想到有许多的青少年也习惯喝咖啡的时候，我就不寒而栗。我在居住地的星巴克里经常看到孩子们清晨在上学的路上进店买大杯的咖啡。

咖啡在南美洲也同样受欢迎，事实上，星巴克在南美洲甚至比在美国更受欢迎。[2]正如人们所料，舒尔茨这位能够推动经济增长的国际大品牌的首席执行官，曾力主到南美大陆开拓市场。

世界上其他地方的人们似乎更喜欢喝茶而不是咖啡。[3]所以舒尔茨很久以前就将茶添加到星巴克品类繁多且不断壮大的饮品系列中。星巴克在整个亚洲获得了巨大的成功。他正在计划赢取中国的茶饮料市场，[4]无论以何种标准衡量，这都是一个壮举。

以上介绍都是为了强调舒尔茨的确很忙，培育和管理大型知名品牌是一项异常艰苦的工作。

与其他知名人士一样，舒尔茨依靠晨间惯例为一天的工作做好准备。他表示正是晨间惯例给他带来了能量、精力和毅力去迎接每天不可避免的挑战。

他每天早晨四点半起床，第一件事常常是给部分员工发激励邮件。舒尔茨认为员工是公司成功的核心因素，因此，他会努力让他们在一天开始的时候就感受到激励。

接下来，舒尔茨会用一个小时进行身体锻炼，其实就是遛他的三条狗和骑自行车之类的活动。回家后，他和妻子一起喝一杯法式咖啡，之后立刻去办公室。

舒尔茨会在中途停留一站：星巴克。他会顺便买一杯浓缩玛奇朵。然后，在最爱的咖啡因饮料的陪伴下投入工作。

对霍华德·舒尔茨的晨间惯例的思考

你肯定会注意到舒尔茨的晨间惯例和其他成功专业人士的有很多相似之处。首先，他起得早，可以利用大清早的几个小时独处，并在开启新的一天之前，进入一种积极的心境状态。

其次，他有运动习惯。花一个小时骑自行车不仅能让他保持健康,还能为他提供充沛的精力,有效控制压力水平。

最后,他花时间陪伴家人,虽然时间非常有限——因为他通常早上六点就出家门了,但享受和家人相处的时光是他早晨的重要部分:在嘈杂的一天开始之前,享受一段安静美好的时光。

舒尔茨的晨间惯例有很多让人喜欢的地方。例如,激励他人是一个反省自我价值的好机会,还能增强自己的信念,使自己有信心去实现目标。

锻炼身体也是大多数人都会受益的重要活动。其实没有必要像舒尔茨那样花一个小时骑自行车,你可以随便用任何方式让身体活动起来,哪怕只是几分钟,都能感觉精力更充沛、反应更敏捷。正如之前提到的,我每天清晨花几分钟时间做伸展运动,这是我在一天之始迈出的正确的第一步。

早晨花时间陪伴家人,哪怕只有几分钟,也非常棒!原因有很多:能加固与家人的情感纽带,能改善与家人的沟通状况,能抑制孤独感。它还有平复和治愈的作用,可以帮助你在接下来的一天里更好地处理压力。

快速回顾

上述内容并不是建议你照搬舒尔茨的晨间惯例。就像本书介绍的其他活动一样,我建议你仔细参考舒尔茨的晨间惯例,从中挖掘灵感,并将其融入自己的惯例中。

如果你对本节所介绍的某个特定的惯例活动产生了共鸣,那就请尝试一下。试一试,然后观察该活动对你产生的效果。如果有用,就留着它;如果不行,就放弃!

再次提醒,本书的目的不是为你创建一个晨间惯例那么简单,而是帮你设计出真正符合个人意图、能够实现个人目标的晨间惯例!

8 凯特·科尔的"身心准备程序"

作为 Focus Brands[①] 的总裁，凯特·科尔管理着许多著名的餐厅、面包店和咖啡店，其中包括辛纳邦、斯乐斯基、安缇安和西雅图极品咖啡[②]，以及其他知名品牌。有这么多的工作摆在科尔面前，她用精心计划的晨间惯例开启新的一天实在是再自然不过。

---

① 一家总部位于亚特兰大的全球化的多渠道的餐饮服务品牌企业。
② Cinnabon, Schlotzsky's, Auntie Anne's, Seattle's Best Coffee。

科尔实际上有两套晨间惯例。一套用于出门在外时让她的状态保持在正确的轨道上，这套程序高度系统化，督促她时刻自律；另一套程序则相对比较灵活，一般用于在家的时候，她会根据当日实际情况进行调整。

科尔在外时的晨间惯例只需要二十分钟。她利用这一小段时间，让自己的身心准备好迎接白天将要面临的挑战。

她早上五点起床，喝二十四盎司的水来补充水分。一般她会一边喝水，一边在酒店的房间里走来走去，把当天要处理的工作在脑子里过一遍。

然后，她会打开笔记本电脑，查看日程中的会议和活动、回复邮件，并登录脸书和推特账号。随后她主要集中精力仔细阅读主流新闻网站，了解可能会影响到她领导下的品牌的最新消息。

按照科尔的说法，她的晨间惯例中的补水部分为身体提供了燃料，与此同时，查阅电子邮件和社交媒体、阅读新闻标题之类的活动，激活了她的思维。

当她出门在外的时候，会严格执行这个二十分钟的晨间惯例。

惯例完成之后的一个小时,她则会根据天气和当时的心情进行不同的活动。

如果天气好,科尔会去慢跑,用三十分钟一边听她最喜欢的电子舞曲,一边跑到出汗。回酒店之前,她会在附近的一家咖啡馆喝杯咖啡,享受一会儿咖啡馆的氛围。

如果天气不好或者入住的酒店附近环境不太好,她就会待在室内,在房间里锻炼或者去酒店的健身房(如果有的话)健身。

科尔在家时会执行更为灵活的晨间惯例。根据工作日程的安排,她会在早上五点半到七点之间起床。

在前二十分钟,她执行和出门在外时一样的晨间惯例:补充水分、散步和阅读。然后,她会喝点小麦草和姜黄汁,接着做点温和的瑜伽动作和伸展运动。出门上班时,科尔会带上一份高蛋白点心,以快速获取持久的能量。

对凯特·科尔的晨间惯例的思考

科尔的晨间惯例有两个方面在我看来特别突出。首先，她的初始程序很短，只需要二十分钟。这让她能够进入一种良性的状态，为迎接和克服接下来将要面临的挑战做好准备。

请注意，如果二十分钟的晨间惯例对监管着好几家公司的科尔来说足够了，那么这个时间长度对于我们大多数人来说也应该是足够的。

如果你被创建晨间惯例的想法吓倒了，那么科尔的方法能够拯救你。只需要从小处着手，你可能就会惊喜于这个简短的程序在这一天对你产生了多么积极的影响。

其次，科尔给了自己根据工作日程安排修改晨间惯例的自由。如果她早上六点半有个会议，就会毫不犹豫地放弃慢跑；如果某天的第一场会面安排在早上九点，那她可能会"睡懒觉"到早上七点

（假设她不在路上）。

就我个人而言，我喜欢严格遵守时间表。例如，像加里·维纳查克一样，无论是工作日、周末还是假日，我每天早上都在同一时间点醒来。我喜欢的晨间惯例是一成不变的，这是让我保持自律的唯一方法。

但那是我的个人偏好。你可以给自己更多自由的空间，就像科尔一样，感受到根据实际情况调整活动的自由能让你更有力量。

同样，我还是建议你尝试她的做法并记录下效果和感受。不要害怕尝试，不断尝试是找到最适合自己的晨间惯例的唯一方法。

9 谢丽尔·巴舍尔德的"准备领导仪式"

谢丽尔·巴舍尔德负责经营派派思路易斯安那厨房[①]，这是一家由全球两千五百多家餐厅组成的连锁餐饮集团。作为首席执行官，她有着一长串的职责，其中包括领导一个大型管理团队。

她的日程安排绝不适合没有勇气的人。

巴舍尔德承认自己并不喜欢早晨。事实上，她自认为是个夜猫子。正是出于这个原因，她认为晨间惯例特别重要，能帮助她采取

---

① Popeyes Louisiana Kitchen，美国著名的快餐连锁店，以美式炸鸡著称。

积极的态度来为自己的一天做好准备。正如她最近接受采访时所说的：

"为了拥有领导团队的能量，我们需要在到达工作场所之前就精神饱满并做好一切准备。当我重视并遵循晨间惯例时，我这一天就会非常高产。"

她的晨间惯例的关键之一是听音乐，她在进行第一项活动时就会播放音乐。

她喜欢听振奋人心的激昂音乐，就像小时候听的那些。她的播放列表里有赞美诗、儿歌，和能让她回忆起与家人共度的美好时光的乐曲。

即使在外出差，巴舍尔德也一定要确保吃一顿健康营养的早餐，包括鸡蛋、培根和黑麦吐司面包；要是在家吃早餐的话，她喜欢粗切燕麦。

巴舍尔德每天早晨会专门留出时间阅读，阅读可以让她安静地思考自己作为领导者的角色以及与此相关的实际问题。

她每周都会写一次博客,主要探讨服务他人的领导实践能力的培养。巴舍尔德真诚地认为,"仆人式的领导"是激励员工发挥最佳水平的理想策略。

和许多领导者一样,喝咖啡是巴舍尔德早晨的重要部分,她还服用多种维生素来保持身体健康。

对谢丽尔·巴舍尔德的晨间惯例的思考

我喜欢巴舍尔德用激昂音乐激发积极心态的方式。我也会利用音乐达到类似的目的(当然,会根据不同类型用于不同的场合)。

音乐是强大的,它可以给予我们激励,给予我们能量,帮助我们集中注意力,唤起我们原本可能被埋葬的情感。如果音乐不是你晨间惯例的一部分,请尝试一下,观察它对你的影响。

例如,阅读时听钢琴奏鸣曲,看看它是帮助你集中注意力还是分散你的注意力?锻炼时听你最喜欢的摇滚音乐是否能让你感觉更有活力？在写日记时，听一些鼓舞人心的音乐是否有助于你更加顺畅地表达？

几年前，我喜欢安静地写作，因为我认为音乐会分散我的注意力。在很大程度上，它的确会干扰我。在此之前，我尝试过一边听摇滚乐、新时代器乐、舞曲，甚至乡村音乐，一边写作，但因为无法集中注意力而差点放弃。后来，我发现了古典音乐，尤其是钢琴练习曲，它们能让我更加专注，并帮助提高我的工作效率。

所以，请试一试吧！说不定你会发现一种音乐，并能完美地纳入你的晨间惯例中。

我也喜欢像巴舍尔德那样每天早晨吃一顿营养健康的早餐，早餐能给身心提供能量，并为接下来的一天做好准备。虽然她的早餐会变化，但她会确保自己吃到的都是有营养的食物。

如果你在生活中经常忽略早餐，就需要考虑改变自己的晨间惯例了，请一定要把早餐活动纳入晨间惯例中。请好好地爱惜自己，即使这样做意味着必须提前十五分钟起床。

早晨吃健康营养的食物，尤其是那些富含蛋白质的食物，会让你感到精力充沛、注意力集中，还能改善新陈代谢，调节一整天的能量水平。

高蛋白早餐的饱腹感也能使人避免过量摄入高糖零食，例如甜甜圈、果酱面包和糖果棒。这类高糖零食会让身体血糖水平飙升，然后又不可避免地在上午十点左右跌入谷底。

至于喝咖啡，只要摄入的咖啡因量在合理范围内，我就不反对。过多的咖啡因会让人感到紧张，引发胃灼热、肌肉痉挛，甚至引起焦虑。

我每天摄入大约四百毫克咖啡因——上午二百毫克，下午二百毫克。这个量对我来说是最适宜的。但是人和人不一样，你得找到适合自己的量。

如同本书介绍的每一项活动一样，我建议你去亲自尝试。

- 测试不同的量——例如，二百毫克对比四百毫克。
- 测试一天中的不同时间——例如，在早上摄入全天的咖啡因对比在早上和下午分别摄入。

- 测试不同的含咖啡因的饮料——例如，普通咖啡对比浓缩咖啡（我个人更喜欢后者）。

关键点是咖啡因对每个人的影响不同，找到最适合自己的量，不断测试，并观察效果。

巴舍尔德的晨间惯例给了她管理跨国连锁快餐店所需的体力和精力。你在创建自己的晨间惯例时，可以参考她的方法。

10 理查德·布兰森的"全速早晨"

理查德·布兰森是企业家的典范。尽管他已经掌管了世界上大型商业实体之一——维珍集团,但一直保持着永不止步的企业家精神。

他创办的维珍集团在二十世纪七十年代就已成为国际企业巨头,如今更是发展成为一个监管着四百多家独立公司的企业集团。这些公司经营的领域很广,从旅游、娱乐到医疗保健、航空航天和通信等行业均有涉及。布兰森在几乎所有企业的启动中都发挥了重要作用。

布兰森显然是富有激情和远见的人。如果不具备这些特征，就很难创办数百家公司并把它们都变成行业内的翘楚。但是仅仅具备激情和远见还远不足以帮助布兰森应对他每天遭遇的无数挑战。

毫无疑问，他也认为晨间惯例对他的成功起到了至关重要的作用。

他的晨间惯例包括三个基本项目：

>起床
>锻炼
>花时间陪伴家人

布兰森每天早上五点起床。他坦言自己大部分时间都会早起，并将自己的工作效率归功于早起的习惯。他在博客上写道：

"在五十年的商业生涯中，我发现只要早起，这一天就能取得更多的成绩，人生亦是如此。"[1]

早晨一起床,他就专心锻炼身体。他觉得体育锻炼不仅能刺激他的大脑,还能帮他大幅度地增加能量。他在2013年接受采访时说:"没有什么能比得上释放内啡肽给人带来的感觉,而运动所带来的是令人难以置信的内啡肽释放热潮。"[2]

布兰森根据自己所处的位置和当时的心情,会采取多种不同的形式进行运动。有时,他喜欢打网球;大部分时候,他更喜欢游泳和慢跑;还有些时候,他会去放风筝。

晨练后,布兰森会和家人待在一起。这样做会让他拥有健康的心态,让他有能力应对一天中与业务相关的各种挑战。

对理查德·布兰森的晨间惯例的思考

这本书看到现在,你肯定会发现,书中介绍的成功人士都起得很早。他们这样做是为了提高效率,布兰森也不例外。

话虽如此,他依然强调睡眠很重要,尤其是对于那些日程繁忙的人。他在博客上写道:

"睡眠对于忙碌的生活来说是极其宝贵的,我会尽我所能随时随地补觉——尤其是在飞行的时候。"

我们可以看出,尽管他每天早晨醒得很早,但还是很重视睡眠,对睡眠质量和睡眠时间绝不敷衍。

"有必要在清晨五点起床吗"中提到过,早起本身并没有什么价值。如果想要养成早起的习惯,那么这应该源于你的意图。你应该在起床时根据自己的目标,在深思熟虑地计划之后选择是否采取这一行动。

对布兰森来说,每天早起让他有一个更早的开始,相比于晚一点起床,他能完成更多的事情,而他的意图正在于此。

锻炼是布兰森的晨间惯例中最重要的部分。他觉得锻炼能刺激身心系统,使他的注意力更加集中,让他感觉更有活力。

我也有同感。虽然我早晨锻炼的时间比布兰森少,但它同样让我充满活力。如果你在起床时感觉行动迟缓,或头昏脑涨,那就慢跑一会儿,或做十个俯卧撑,或做五个深蹲。总之,做些运动让身体彻底醒来。我敢保证,锻炼之后你会感觉更有活力,头脑更清醒。

布兰森认为早晨陪伴家人能让他拥有更加积极的心态。他重视这种效果，这能帮助他更有效地处理日常事务。

如果你现在没有在早晨陪伴家人，那么请努力安排，哪怕只是为了看看陪伴对你心态的影响。我可以确定你会因此更加乐观和自信。

但这并不是说你明明挤不出时间来，还硬要专门留出一个小时来陪家人，不用担心，哪怕只用几分钟和家人相处都能对你的心态产生重大的积极影响。这种积极影响可以为你接下来一整天的情绪定下良好的基调。

你或许已经发现

锻炼身体是成功人士的晨间惯例中相一致的部分之一。

最后的思考

请你相信自己有能力改变生活现状，就像你目前的状态很大程度上是由你之前所做的决定导致的一样，你的未来也将是你现在所做的决定的结果。

这就是自我赋权，意味着你自己有了人生的掌控权。

你可以决定如何度过每日的清晨时光。难道你还想一次又一次地按"贪睡按钮"赖几分钟床，然后不得不在睡眼惺忪的状态下跌跌撞撞地从床上爬起来吗？还是你想要充满活力和激情地从床上一跃而起来迎接崭新的一天呢？

你是想要浪费早晨的时间看电视或者在社交媒体上闲逛，还是更想用正确的方式开启新的一天，并肉眼可见地提高工作效率呢？

一切完全取决于你自己。

如果你正在致力于创建晨间惯例，让你在白天获得成功，那么我建议你现在就做两件事。

首先，请写下你的承诺，连同你的目标，并把它们放在每天早上你一睁眼就能看到的地方。语言不必太复杂也不必太宏大，越简单越好。举个例子：

"我保证今天完成晨间惯例，因为我想感觉更放松！"

写下承诺和目标能使你集中注意力，明确自己想要达到的目标。与此同时，早上看到书面的标语会激励自己采取行动。

其次，找一个负责任的伙伴，他（或她）的职责是督促你信守承诺。他（或她）需要每天问你是否完成了晨间惯例，如果你必须向某人汇报晨间惯例的成功或失败，就会更倾向于去执行它。

几周后，你就无须用书面承诺督促自己了，也不需要向伙伴汇报战绩。你只需要不断地重复该程序，它就会成为你一天中不可或缺的一部分，就像刷牙的习惯一样。但是在刚开始的时候，在你养成这个习惯之前，这两种做法都是非常有效的。

现在是时候决定是否想体验一个非凡的早晨了，你现在已经拥有了实现它所必需的所有工具。

我很乐意收到你关于创建、执行和调整晨间惯例的消息。请随时联系我，讲述你的进展，分享你遇到的挑战。

参考资料

引言 我们为什么需要晨间惯例

晨间惯例给你带来的十个好处

1 https://en.wikipedia.org/wiki/Decision_fatigue

Chapter1 如何为富有成效的早晨做好准备

高质量睡眠的作用

1 https://www.nhlbi.nih.gov/health/health-topics/topics/sdd/why

2 https://www.ncbi.nlm.nih.gov/pubmed/18929313

3 http://www.hopkinsmedicine.org/news/media/releases/sleep_interruptions_worse_for_mood_than_overall_reduced_amount_of_sleep_study_finds

十个小贴士助你从此拥有高质量睡眠

1 http://www.health.harvard.edu/staying-healthy/blue-light-has-a-dark-side

有必要在清晨五点起床吗

1 http://www.rodalewellness.com/health/sleeping-late-and-productivity

早起的十个理由

1 http://onlinelibrary.wiley.com/doi/10.1111/j.1559-1816.2009.00549.x/abstract

如何让自己在醒来时感觉精力充沛

1 https://www.ncbi.nlm.nih.gov/pubmed/18192289

2 https://www.scientificamerican.com/article/fact-or-fiction-can-you-catch-up-on-sleep/

Chapter 2 创建完美的晨间惯例的十个步骤

Step9 记录你的晨间惯例

1 http://journals.sagepub.com/doi/abs/10.1177/0956797614524581

Chapter 3 如何应对挑战和失误

要是在醒来时仍感觉疲惫呢

1 https://today.yougov.com/news/2015/06/02/sleep-and-dreams/

2 http://www.health.harvard.edu/staying-healthy/blue-light-has-a-dark-side

3 http://www.health.hervard.edu/staying-healthy/blue-lyght-has-a-dark-side

4 https://www.ncbi.nlm.nih.gov/pmc/articles/PMC3538178/

要是缺乏毅力呢

1 http://onlinelibrary.wiley.com/doi/10.1002/ejsp.674/abstract

2 https://www.ncbi.nlm.nih.gov/pubmed/22390518

要是工作时间不固定呢

1 http://oem.bmj.com/content/60/suppl_1/i47.full

Chapter 4 十位成功人士的晨间惯例

1 托尼·罗宾斯的"启动仪式"

1 https://www.ncbi.nlm.nih.gov/pmc/articles/PMC3956737/

2 加里·维纳查克的"三小时预备班"

1 https://www.ted.com/talks/gary_vaynerchuk_do_what_you_love_no_excuses

3 蒂莫西·费里斯的"五步养生法"

1 https://www.ted.com/talks/tim_ferriss_smash_fear_learn_anything

5 弗兰·塔肯顿的"大脑喂养"训练

1 http://bmcpublichealth.biomedcentral.com/articles/10.1186/1471-2458-13-773

6 斯科特·亚当斯的"二十分钟自动运行程序"

1 https://www.ncbi.nlm.nih.gov/pubmed/22819803

2 https://www.ncbi.nlm.nih.gov/books/NBK209050/

3 https://www.ncbi.nlm.nih.gov/pubmed/11140366

7 霍华德·舒尔茨的"激励早晨"

1 http://www.usatoday.com/story/money/busi-ness/2013/04/09/coffee-mania/2069335/

2 http://www.pewresearch.org/fact-tank/2013/12/20/chart-of-the-week-coffee-and-tea-around-the-world/

3 http://www.pewresearch.org/fact-tank/2013/12/20/chart-of-the-week-coffee-and-tea-around-the-world/

4 https://www.bloomberg.com/news/articles/2016-09-12/star-bucks-new-tea-line-chases-china-s-9-5-billion-tea-market

10 理查德·布兰森的"全速早晨"

1 https://www.virgin.com/richard-branson/why-i-wake-up-early

2 http://www.originmagazine.com/2013/01/15/a-conversation-with-richard-branson-by-maranda-pleasant-gina-g-murdock-and-kelly-smith/

你喜欢阅读《清晨高效能》吗

首先，非常感谢你跟我一起读完本书。执行晨间惯例极大地影响了我的工作效率和心态。我希望，在帮助你创建自己的晨间惯例来实现人生目标的旅途中，本书能在某种程度上对你的生活产生积极的影响。

如果你喜欢阅读《清晨高效能》，就请留下你的评论吧！不需要很长，用两三个简短的句子描述你学到的东西就好！

我计划再出版几本行动指南类的书籍，相信（希望）你也会喜欢。如果你想在书籍发布前了解相关信息，并享受特殊折扣，请留下你的电子邮箱。

请在以下的网站留下你的邮箱地址：

http://artofproductivity.com/free-gift/

我也将和你分享一些能够帮助你充分利用时间、养成新习惯、设计出一种真正有益的生活方式的好建议！

祝你一切顺利！

达蒙·扎哈里亚德斯

关于作者

达蒙·扎哈里亚德斯是一名典型的企业难民①，多年以来，他对许多不必要的会议、驾车上下班途中与同事的闲聊，以及让人分心的办公环境不堪忍受，愤然离职。如今，他创作了越来越多与时间管理和工作效率相关的书籍，还成为工作效率博客ArtofProductivity.com的博主。

在业余时间，他发挥自己优秀的文案才能，帮助正在成长的中小型企业策划和实施能吸引顾客的内容营销活动。

达蒙和美丽且非常支持他的妻子，还有一条活泼的狗狗一起生活在美国南加州，目前他正信心满满地迎接人生的第五十个生日。

---

① 企业难民：该词自二十世纪八十年代以来就一直存在，本意指因为公司破产而导致失业的专业职场人士，如今该词义已经扩展到指敢于自主创业的企业高管。

你必须清楚

一切完全取决于你自己。